대학행정인의 생각

대학행정인의 생각

초판인쇄 2017년 7월 31일
초판발행 2017년 7월 31일

지은이 유신열
펴낸이 채종준
기 획 이아연
편 집 박미화
디자인 김정연
마케팅 송대호

펴낸곳 한국학술정보(주)
주소 경기도 파주시 회동길 230(문발동)
전화 031 908 3181(대표)
팩스 031 908 3189
홈페이지 http://ebook.kstudy.com
E-mail 출판사업부 publish@kstudy.com
등록 제일산-115호(2000. 6. 19)

ISBN 978-89-268-7950-4 03350

대학
행정인의
생각

유신열 지음

책을 시작하며

1993년 대학행정에 발을 디딘 이후로 대학행정과 행정인의 정체성에 대해 지금까지 끊임없이 고민해온 것 같습니다. 신영복 교수의 「떨리는 지남철」처럼 말입니다. 2007년에는 행정토론회를 시작했습니다. 매월 셋째 주 수요일 저녁, 공감과 경청의 시간을 통해 대학행정인 스스로를 재발견하는 힘을 얻었습니다. 그리고 동료들의 생각을 모아 「대학과 행정」이라는 자료집을 4호까지 발간했고, 개인적으로는 『캠퍼스 편지』라는 책을 쓰는 소중한 경험도 하였습니다. 2014년 2학기부터는 대학행정을 주제로 평생교육원에서 무료 공개강좌도 시작했습니다. 그동안의 행정 경험을 밑거름으로 한 주 한 주 다듬어 15주 동안 이어갔습니다. 그렇게 시작한 '대학행정의 달인' 과정은 다행히 지금까지 매 학기 이어지고 있습니다. 매주 월요일 저녁, 가까이 있는 대학이나 또 멀리 서울의 반대쪽 끝에 있는 대학에서도 근무를 마치고 안암동 강의실까지 찾아와 함께해주셨습니다. 동료들의 이런 열정이 강좌를 지속시키는 원동력이 되었습니다. 이 과정은 행정인 스스로가 '대학행정학'을 만들어가고 있는 여정이라고 생각합니다.

마음을 열고 소통하다 보면 대학행정인의 가슴속에 서로 비슷한 고민이 있음을 느낍니다. 서로가 공감할 수 있는 장(場)을 통해 가슴속의 그 '무엇'에 대해 이야기하고, 행정인 스스로에게서 대안을 찾고, 한 사람 한 사람이 걸어 길을 만들어가는 과정이 더욱 필요하다고 봅니다. 점(點)이 연결되어 선(線)이 되고, 다시 면(面)이 되고 장이 된다고 합니다. 대학에 첫발을 디딘 지 10여 년이 훌쩍 지나서야 행정토론회를 시작했고, 다시 10년이 지난 지금에서야 이 책을 내놓습니다. 개인적으로는 단편적인 경험 하나하나가 점에서 선으로, 그리고 면을 형성하는 과정이라고 생각합니다. 이 책은 저에게 앞으로의 10년을 향한 또 하나의 출발점이 될 것입니다. 나아가 대학행정의 장에 조금이나마 도움이 되길 바랍니다.

2017년 7월
대학행정인 유신열

3차원 대학행정의 가능성에 대하여

1.

어느 일이든 그 하나를 깊이 따라 들어가 보면 근본에 이르게 되고, 조직의 전체 업무와 연결되어 있다. 따라서 일을 앞에 놓고서 그 일이 조직의 궁극적 목적과 어떻게 연결되어 있는지 끝까지 생각하고 이해해야 한다. 전체를 이해하지 못하고 부분에 집착하면 그 일을 온전히 알 수 없을 뿐만 아니라 개인의 일이 전체 조직에 동맥경화를 일으킬 수 있다. 그러므로 일을 대할 때는 '실제 사물의 이치를 연구하여 지식을 완전하게 한다.'는 격물치지(格物致知)의 자세가 필요하다. 이 격물치지를 통해 얻은 그 궁극적 자리는 바로 일의 중심자리이다. 이 중심자리를 얻고 나면 외부의 변화에 따라 끊임없이 변화할 수 있다. 장자(莊子)는 그곳을 도추(道樞)라고 하였다.

> 저것과 이것이 대립하지 않는 경우를 도의 지도리[道樞]라고 부른다. 한 번 그 축이 원의 중앙에 서게 되면 그것은 무한히 소통하게 된다.
>
> 『장자』「제물론(齊物論)」

지도리는 문짝을 문설주에 달아 여닫는 데 쓰이는 2개의 쇠붙이나 문장부 따위를 통틀어 이르는 말이다. 곧 지도리는 문이 원활하게 회전할 수 있도록 하는 중심자리이다. 도의 지도리를 우리 앞에 놓여있는 일에 적용하면 A라는 일의 지도리, 즉 A 업무의 중심자리는 그 조직의 궁극적 목적과 일치하는 자리이다. 그리하여 A 업무의 지도리에 이르면 조직 내의 B 업무, C 업무 등 다른 업무와 대립하지 않으며, 그 어떤 일과도 무한히 소통할 수 있게 된다. B 업무나 C 업무도 일의 중심자리는 궁극적으로 A 업무의 중심자리와 동일하기 때문이다. 일의 궁극적 중심자리에서 보면 A, B, C는 전체의 부분이면서 또한 전체와 동일하다. 하지만 일의 중심자리는 조직, 관습, 제도, 사람의 장벽에 가로막혀 있어서 그곳에 다다르기가 쉽지 않다. 바로 격물치지는 이러한 장벽을 뚫고 나갈 수 있는 훌륭한 수단이 될 수 있다. 이 책에서 다루는 열 가지 이야기는 각각 다른 내용이지만 결국은 하나의 지도리, 즉 조직의 궁극적인 목적지를 지향하고 있다.

2.

오늘 마주하는 대상은 어제와 다르다. 그런데도 우리는 어제와 똑같은 생각과 시스템으로 그 대상을 마주한다. 무의식적으로 같은 절차에 따르고 몸에 익숙한 것을 좋게 된다. 나아가 이것이 관행이 되어 유연함을 잃고 점점 굳어져 움직임을 느려지게 한다. 여기에 행정조직은 끊임없이 새로운 제도와 규제를 만들어 무거움이 더해진다. A의 문제를 해결하기 위해 B라는 제도를 새로 만들고, B로 인해 발생하는 부작용을 해소하기 위해 또 C라는 제도를 만들어 시행한다. 조직의 모든 일은 업무별로 구분되어 반듯하게 경계가 그어져 있다. 그러한 조직도를 바라보고 있으면 어떠한 일들이 발생하더라도 유기적으로 잘 대처할 수 있을 것 같은 착각에 빠진다. 그리고 조직은 각자의 목적을 달성하기 위해 내부의 조직력을 강화한다. 소속은 더욱 명확해지고, 구성원들끼리 파이팅을 외치고 정신 무장을 한다. 조직 구성원은 부서의 경계선에 담장을 견고하게 쌓아 올린 다음, 그 울타리 안에서 자신에게 주어진 일을 기다린다. 이처럼 조직은 외부의 대상과 관계없이 스스로 안정화되어가는 속성이 있다. 하지만 조직이 마주하는 현실 속의 대상은 조직이 원하는 것처럼 네모반듯한 부서의 경계 안으로 들어와 주지 않는다. 대상은 항상 부서 간의 경계에 걸쳐 있다. 그래서 조직은 현실 속의 대상을 만났을 때 당혹스러움을 느낀다.

누구나 조직의 혁신을 외친다. 그러나 대부분 구호에 그친다. 굳게 닫힌 육중한 철문을 열기 위해서는 그 무게를 이겨낼 엄청난 장비의 힘이 필요한 것이 아니라 자물쇠를 풀 열쇠가 필요하다. 무거운 조직 안 어딘가에 혁신의 열쇠가 있다. 그리고 그 열쇠는 다름 아닌 굳어진 관행과 일상의 깊은 곳에 숨어있다. 행정 혁신은 이러한 조직의 안정성 뒤에 숨어있는 열쇠를 찾으려는 노력에서부터 시작해야 한다. 이미 익숙해진 습관을 버리고 매일 무의식적으로 하던 일들을 낯설게 보자. 혁신의 열쇠를 찾은 사람들은 무의식적인 행정 절차를 그냥 흘려보내지 않는다. 항상 무의식 저편에 그들의 미세한 행정 감각을 열어두고 본능적으로 잘못된 절차를 찾아낸다. 그들의 미세한 행정 감각은 타고난 것이 아니다. 일상을 매일 새롭게 보려는 깨어있는 의식을 통해 얻은 감각이다.

진정한 혁신을 위해서는 무엇인가를 새롭게 만들어 더하고 강화하려는 생각보다는 지금의 상태에서 무엇인가를 덜어내려는 극적인 사고의 전환이 필요하다. 무엇인가를 새롭게 만드는 데만 익숙해져 버린 행정의 관성을 극복한다는 것은 무척이나 어려운 일이다. 그래서 환경의 변화에 적응하지 못하고 쓸모없게 된 행정은 자연스럽게 흙으로 돌아가야 함에도 불구하고 플라스틱처럼 썩지 않고 우리의 삶을 오염시키기도 한다. 행정인이 만들어내는 각종 절차와 제도, 규정 등은 용도가 다하면 다시 자연으로 돌아가게끔 해야 한다. 그러한 행정을 '친환경 행정'이라 불러도 좋겠다.

친환경 행정의 핵심은 기존의 행정을 덜어내는 일이다. 이 책은 그러한 내용을 담고자 했다.

3.

융합이 화두인 시대이다. 그러나 이를 이해하는 관점은 제각각이다. 교육의 융합에 대한 시각도 그렇다. 한쪽에서는 지나치게 세분화된 전공 간의 벽을 허무는 융합을 지향해야 한다고 하고, 다른 쪽에서는 기본 전공과목의 실력을 탄탄히 쌓는 것이 중요하지 이것저것 섞어놓고 무엇을 할 수 있겠느냐고 반박한다. 그런데 이러한 논쟁에는 잘못된 점이 한 가지 있다. 서로 다른 차원의 문제임을 망각했다는 것이다. 무언가를 서로 비교하려면 같은 차원에 있을 때 가능한 일이다. 기본전공은 2차원 평면 위에 놓여 있고, 융합은 기본전공들이 교차하는 3차원 공간 속에서 존재한다. 즉 기본전공과 융합은 서로 차원이 다른 얘기이다. 기본전공이 없으면 융합도 불가능하다. 이 둘은 애초부터 서로 부딪힘이 없는 보완적 관계이다. 그래서 '융합학문'이나 '융합전공'을 2차원으로 끌어내려 기본전공 옆에다 그려놓고 또 하나의 전공처럼 인식하는 것은 논리적으로 맞지 않다. 융합은 한 단위의 학문이 아니라 협력의 기술이고, 서로 다른 것들이 모일 수 있는 마당이다. 따라서 융합은 행정이나 제도의 관점에서 접근해야 한다.

대학행정조직이 2차원 평면 위에서 더욱 세분화·전문화되어 수직적 위계질서가 강화될수록 학문도 교수도 학생도 그 시스템 안에 갇히게 된다. 대학이 자유의 공간을 확보하기 위해서는 대학행정이 2차원 조직에서 벗어나 3차원 융합행정으로 나아가야 한다. 그래야 학문이 자유를 얻고, 교수도 학생도 자유를 얻을 수 있다. 이 책에서는 그러한 3차원 행정에 대한 가능성을 확인해보고 싶었다.

그리고 이 책에 대학행정 현장에서의 경험과 생각을 그대로 담아내려고 했다. 대학행정인으로서의 생각을 배제하면 생명력을 잃고 의미가 없는 글이 되기 때문에 어쩔 수 없이 필자의 주관적 생각이 많이 반영되어 있다. 독자들이 이러한 주장을 여러 의견 중의 하나로 살짝 흘려보내더라도 어떤 대상을 바라보는 관점과 행정시스템이 작동하는 방식에 대해서는 좀 더 관심을 가져주길 바란다.

행정시스템은 그 자체로는 인식하기 어렵고 구체적인 외부 대상이 그 행정시스템 안으로 들어와서 작동할 때만이 인식된다. 어느 상황에서 행정시스템과 생각을 느린 장면처럼 구체적으로 서술한 것은 그 작용과정에 혁신의 열쇠가 담겨 있다고 보기 때문이다. 그래서 이 책에서는 어떤 특정한 조직의 구체적인 업무 사례와 조직 구성원의 역할이 필요한데, 이는 특정한 개인에 대한 문제를 제기하고자 하는 것이 아님을 이해해줬으면 좋겠다.

이 책은 크게 두 부분으로 나뉘어 있다. 제1부는 조직 속의 개인과 조직 자체에 대한 이야기로 구성되어 있고, 제2부는 대학과 관련된 사회적 이슈에 대해 대학행정인의 관점에서 바라본 내용으로 구성되어 있다. 모든 내용은 조직의 궁극적 가치를 지향하고 있고, 친환경 조직, 3차원 융합조직의 개념을 바탕에 깔고 있다.

누구나 겹겹이 둘러싸인 조직 속에서 살아간다. 이 글은 그 수많은 조직 중에서 대학조직에 관한 이야기이지만 각자가 속한 조직의 상황을 설정해놓고 읽어도 의미가 있을 것이다.

/

차례

책을 시작하며 · 4
프롤로그: 3차원 대학행정의 가능성에 대하여 · 6

제1부

나와 조직

제1장

생활의 달인과 행정의 달인

생활의 달인

예전엔 주말 오전, 늦은 아침밥을 먹고 TV를 켜면 〈생활의 달인(達人)〉을 시청할 수 있었다. 하루는 미더덕을 까는 달인, 충무김밥을 만드는 달인, 금덩이를 만드는 달인이 방송에 나왔다. 〈생활의 달인〉 출연자들은 매주 '놀라운 일상'에서 '놀라운 실력'을 보여준다. 놀라운 실력이야 당연히 어느 정도 기대하고 있었기 때문에 예상되는 놀라움이다. 하지만 우리를 더욱 놀랍게 하는 것은 '세상에 이런 일에까지 달인이?' 하는 놀라운 일상에 대한 새로운 발견이다. 매운탕에 흔하게 들어가 있는 미더덕, 그 미더덕을 까는 일에도 달인의 손길이 있었다. '이렇게 음식을 대충해도 되는 거야?' 할 정도로 별로 손이 갈 것 같지 않은 것이 충무김밥이다. 하지만 이 충무김밥을 만드는 현장에도 어김없이 달인이 존재했다. 그 달인은 김밥을 잘 싸기 위해 한 공기의 밥 속에 들어있는 밥알을 일일이 세어보았다고 한다. 밥 한 공기 속에 담겨 있는 밥알의 개수는 3,000알 정도란다.

그래서 충무김밥 하나에 300여 개 남짓의 밥알이 들어가도록 손으로 감각을 익혔고, 밥 한 공기면 김밥 10개가 되도록 연습했다고 한다. 밥알 하나하나까지 느낄 정도의 미세한 감각으로 순식간에 밥을 움켜쥐고 김밥을 만들어내는 그 솜씨에 감탄하지 않을 수 없었다. 정말 놀랍지 않은가? 흔한 우리 생활 속에 달인의 손길이 존재하는 '놀라운 일상'들이 말이다.

생활의 달인, 그들은 직장인의 자기계발에 분명한 해법을 제시해주고 있다. 생활의 달인을 만나보기 전에, 그들이 방송국에 의해 교육되고 만들어지는 것이 아니라 '발견된다'는 평범한 사실을 눈여겨볼 필요가 있다. 이 사실은 너무 당연하기 때문에 우리는 이것을 쉽게 간과한다. 방송국은 '놀라운 일상'에 존재하는 생활의 달인들을 찾아서 소개해주는 것이 주된 임무이고, 그 달인을 발견하기 위해 사람들의 평범한 일상에 눈과 귀를 열어놓고 있으면 된다. 결국 방송국에서 달인에 대한 '긍정적 관심'만 가지고 있으면 모든 것은 저절로 이루어진다. 충무김밥의 달인이 소개된 것도 달인의 남편이 당사자 몰래 방송국에 제보해서 이루어진 것이라고 한다. 물론 생활의 달인들은 TV에 출연할 목적으로 자기계발을 하지 않는다. 하지만 〈생활의 달인〉과 같은 프로그램이나 방송국의 긍정적 관심은 그들이 일상생활에서 더 노력하게 만드는 원동력이 될 수 있다.

이제 우리들의 직장으로 돌아와 보자. 직장인들에 대해 긍정적인 관심을 가져야 하는 주체는 누구여야 하고 카메라는 누구 어깨에 메어 있어야 하는가? 안타깝게도 우리들의 직장에서는 긍정적 관심의 주체가 불분명하다. 또한 그 관심의 대상자를 '발견'하려는 노력보다 '교육을 통해 만드는 능력을 키우는 일'에 우선순위를 둔다. 긍정적 관심의 카메라가 초점을 맞추지 못한다면 교육을 통해 직원의 능력을 계발하겠다는 목표 또한 허

망한 것일 수 있다. 지금이라도 어깨에 관심과 칭찬의 카메라를 메고 직장을 한번 둘러보는 것은 어떨까? 그동안 인식하지 못했던 우리 직장 내의 '놀라운 일상' 속에 숨겨진 달인들을 찾아서 말이다.

장자 속 윤편의 이야기

직장에서 '교육' 또는 '자기계발'이라는 용어는 대체로 '위에서 아래로 향하는 의무적인 것, 수동적인 것, 정확히 무엇인지 모르겠지만 남들에게 뒤지지 않기 위해 막연히 읽고 외워야 하는 것' 등을 먼저 떠올리게 한다. 그래서 이 용어는 불안한 직장인에게 별로 달갑지 않지만 매일 고민해봐야 하는 숙제이다. 요즘 대학생들은 대학도서관 주변을 떠나지 않는다고 한다. 도서관에 있지 않으면 불안을 느끼기 때문이라고 하는데, 그 불안의 요인은 막연하다. 그래서 남들이 하는 대로 무작정 도서관에 눌러앉아 있어야 조금이나마 마음의 위안을 얻는 것 같다. 직장인이나 대학생 모두 불안의 원인은 근본적으로 동일한 것인지 모른다. 하지만 생활의 달인에게서는 이러한 불안을 찾아보기 어려웠다. 그러므로 이 달인들에게서 불안을 잠재울 단서를 찾아보는 것도 의미가 있다 하겠다.

TV 속 생활의 달인을 보면서 지난 한 주간 우리들의 직장생활은 어땠는지 되돌아보자. 우리도 그들처럼 될 수 있을까? 생활의 달인들은 어떠한 노력과 방법을 통해 저런 놀라운 경지에 올랐을까? 어떻게 해야 달인의 경지에 오를 수 있는지 우리 모두 각자의 해답을 이미 가지고 있을 것이다. 하지만 그것은 내 이야기가 아니라 TV 속에 비친 남의 이야기로 대했을 때의 해답일 가능성이 크다. 미더덕을 까고 김밥을 만드는 달인의 이야기가 아니라 정작 내 일에서 스스로가 달인이 되겠다고 한다면 정답을 찾기가 쉽지 않을 것이다. 우선 '내 일이 뭐였을까?'라는 근본적인 문제에서부터 고민이 생길 것이다. 만약 자기 정체성을 찾았다 하더라도 '우리 조직에서는 달인이 나올 수 없는 구조적 문제를 가지고 있어!'라며 조직문화, 교육 기회 등 주변 환경을 탓할 수 있다. 그러나 직장인의 자기계발 목표 중의 하나가 '내 일에서의 달인'이 되고자 하는 것이라면, 우리 직장인들은 생활의 달인을 통해 스스로를 깊이 성찰해봐야 한다. 전국시대의 장자는 수레를 깎는 윤편(輪扁)이라는 한 장인의 이야기를 통해 달인의 모습이 무엇인지를 알려주고 있다.

환공(桓公)이 회당의 높은 곳에서 책을 읽고 있었고, 윤편은 회당 낮은 곳에서 수레를 깎고 있었다. 그는 자신의 나무망치와 끌을 밀쳐 두고 올라와서 환공에게 물었다. "공께서는 지금 무슨 말들을 읽고 계십니까?" 환공이 "성인의 말이다"라고 대답했다. 그러자 윤편이 "그 성인은 살아 있습니까?"라고 묻자 환공은 "그는 죽었다"라고 대답했다. 그러자 윤편은 대답했다. "그렇다면 공께서 지금 읽고 있는 것은 옛사람들의 찌꺼기가 아닙니까?" 그러자 환공이 말했다. "수레바퀴나 깎는 장인인 주제에 네가 지금 읽고 있는 것을 논의하려고 하는가! 만일 네가 자신의 행위를 변명할 수 있다면 괜찮겠지만, 만일 그렇지 못하다면 너는 죽음을 면하지 못할 것이다." 그러자 윤편은 말했다. "저는 그것을 제 일에 근거해서 본 것입니다. 수레바퀴를 깎을 때 엉성하게 작업하면 헐렁해져 견고하게 되지 않고, 꼭 끼게 깎으면 빠듯해서 서로 들어맞지 않습니다. 엉성하지도 않고 꼭 끼지도 않게 작업하려면 저는 그것을 손으로 느끼고 마음으로 대응해야만 합니다. 그러나 그것은 입으로는 설명할 수는 없는 것입니다. 여기에 제가 저의 아들에게 전달할 수 없고, 저의 아들 또한 저에게서 배울 수 없는 기술[數]이 있습니다. 이것이 나이 70이 되도록 제가 직접 바퀴를 깎고 있는 이유입니다. 옛사람은 자신이 전할 수 없는 것과 함께 이미 죽었습니다. 그렇다면 공께서는 지금 옛사람들의 찌꺼기를 읽고 있는 것이 아닙니까?"

『장자』「천도(天道)」편

마음을 비우면 이 이야기를 그대로 받아들일 수 있다. 춘추시대의 수레를 깎는 윤편이나 오늘날 미더덕을 까고 충무김밥을 만드는 달인은 시대를 뛰어넘어 그 모습이 한결같고, 또 그들이 달인이 되는 과정도 다를 바 없다. 그들은 자신의 일에서 벗어나지 않고 온몸으로 반응하는, 글로 표현할 수 없는 그 어떤 것들을 창조해낸 것이다. 윤편의 이야기에 담겨 있는 의미를 강신주의 『장자, 차이를 횡단하는 즐거운 모험』에서는 군주와 장인, 높음과 낮음, 경전과 수레와 같이 두 가지 대립적인 이미지로 파악했다. 그리고 군주, 높음, 경전은 수직적 초월을 상징하고, 장인, 낮음, 수레는 수평적 포월(匍越)을 상징한다고 봤다.

대학을 생각하면 '장인', '낮음' 그리고 '수레'라는 수평적 포월에 가장 적합한 공간이라고 생각할 것이다. 하지만 대학이라는 공간이 오히려 다른 어느 곳보다도 '군주', '높음' 그리고 '경전'이라는 수직적 초월의 논리에 더 쉽게 빠져들 수 있음을 간과해서는 안 된다. 이러한 관점에서 학문의 핵심 공간인 연구실이나 강의실 풍경을 잠시 둘러보자. 윤편 이야기에서의 환공과 장인이 나누는 대화가 이곳에서도 들리는 것 같지 않은가? 연구실에서 또 강의실에서 이러한 대화가 오간다 해도 전혀 어색할 것 같지 않다면 대학은 수평적 포월보다는 수직적 초월의 공간이라고 해야 할 것이다.

대학 안에는 행정이 존재한다. 대학행정인의 자기계발을 논의하기 위해서는 대학 구조부터 조망하고, 그 구조적인 환경을 살펴봐야 한다. 대학행정은 대학의 또 다른 모습이지 대학의 한 부분이 아니기 때문이다. '수평적 포월'보다 '수직적 초월'이 강한 조직 구조에서는 대학행정인의 자기계발도 수직적 틀에서 벗어나지 못할 가능성이 크다. 그러므로 대학행정의 달인이 되기 어려운 이유를 대학행정인 개인의 능력보다 대학 구조의 문제에서 찾아봐야 한다.

우리는 무의식적으로 '보편적인 진리'로 확신하는 그 어떤 목표를 설정하고 이를 추종하고자 하는 경향을 보인다. 대학행정인의 교육 또는 자기계발에서도 마찬가지이다. 좋은 외부 강사를 초청해 이야기를 듣고, 국내외 명문 대학교에 가서 벤치마킹을 하고, 도움이 될 책들을 읽는다. 또는 상급학교에 진학해서 학위를 취득하기도 한다. 물론 이러한 방법들은 자기계발에 도움이 될 것이다. 하지만 우리는 회당의 높은 곳에서 책을 읽고 있는 환공의 모습을 무조건 추종하는 것은 아닌지 경계해야 한다. 아울러 조직 구성원 개개인의 자기계발뿐만 아니라 조직적 차원에서 행정 역량을 넓히는 데 힘써야 한다. 그렇지 않으면 '환공'과 '윤편'의 관계처럼 대학행정에 소통을 가로막는 벽은 더 높아질 것이고, 우매한 '장인'을 '보편적인 진리'라고 여겨지는 방법을 통해서 무조건 '교육'시켜야 한다는 고정관념의 포로가 될 것이다. 대학행정은 '군주'와 '장인'을 포괄하는 대학 전체의 시스템이다. 따라서 대학행정의 역량 강화를 위한 대상자에는 '장인'뿐만 아니라 '군주'도 포함되어야 한다.

달인의 특성

직장인은 누구나 자신에게 주어진 일이 있고 자신만의 방법으로 그 일을 수행한다. 달인도 그렇다. 하지만 달인이 일을 대하는 자세나 그 일을 성취해내는 방법에는 남다른 특성이 있다. 이러한 달인의 특성을 찾아내어 직장에서의 자기계발에 힌트를 얻는 것도 좋겠다. 달인과 그가 하는 일에는 어떠한 특성이 있을까?

달인의 첫 번째 특성은, 일을 자신의 중심에 놓는다는 것이다. 일반적으로 직장인들은 자신의 일과 조직의 일을 구분하는 것을 어려워한다. 그리고 자신이 할 일이라 하더라도 될 수 있으면 회피하려는 경향이 강하다. 하지만 달인은 일을 회피하지 않고, 오히려 자신에게 가장 적합한 일을 적극적으로 찾아 나선다. 그 과정에서 스스로에게 '나의 능력은 무엇인가?'라는 질문을 하고 장점을 발견하고 자신에게 가장 적합한 능력을 계발한다. 자신의 일이 무엇인지 정의할 수 없는 직장인에게 자기계발이라는 단어는 무의미하다. 자신의 일을 찾아 자기 것으로 만드는 노력이 자기계발 이전에 선행되어야 한다.

달인의 두 번째 특성은, 자신의 일을 세상에 유일한 것으로 만든다는 것이다. 직장인은 같은 일을 하는 것 같지만 사실 동일한 것은 하나도 없다. 동일하지 않은 것을 동일시하는 것은 그 일을 온전히 자신의 것으로 만들지 않았기 때문이다. 미더덕을 까는 일은 누가 하든 똑같은 일이다. 하지만 그 일을 달인이 할 때는 오로지 그 사람만이 할 수 있는 세상에서 유일한 일이 된다. 누구나 만들 수 있는 칼국수도 달인을 만나면 세상에 유일한 칼국수가 된다. 그래서 어디서나 흔히 맛볼 수 있는 칼국수지만 멀리 남대문의 허름한 골목길까지 일부러 찾아가서 달인의 손으로 만든 칼국수를 먹는다. 이렇게 똑같은 일이라 하더라도 자신의 이름을 그 일 앞에 붙이면 자신만의 유일한 일이 되도록 해야 한다. 만약 이름이 필요 없는 일이라 한다면 그 일은 머지않아 단순노동자나 컴퓨터가 대신하게 될 것이다. 모든 일은 같은 것이 없다. 같은 일처럼 보이지만 일의 환경과 일을 하는 사람이 모두 다르다. 이와 같은 일의 유일성은 자기계발에 있어서 아주 중요한 포인트이다. 이는 누구에게나 보편적으로 적용되는 자기계발 방법을 통해서는 달인의 경지에 오를 수 없다는 것을 의미한다. 오로지 자기만의 유일한 방법을 통해서 경지에 오를 수 있다.

달인의 세 번째 특성은, 자신의 일을 천직(天職)으로 만든다는 것이다. 달인은 자신의 일에서 가치를 찾고, 그 일을 아름답게 만든다. 곧 자신의 일을 천직으로 만드는 것이다. 자신의 일을 천직으로 만드는 가장 강력한 방법은 일을 자신의 중심에 두고, 그 일을 유일한 것으로 만드는 것이다. 그것은 일의 위아래 경계를 없애고, 수직적 초월이 아닌 수평적 포월을 하는 것이다. 그래서 달인은 수직적 상승을 위한 자기계발을 하지 않는다.

우리는 종종 현재 자신의 일에서 벗어나고자 하는 것을 자기계발의 목표로 삼는 경우가 있다. 일을 좀 더 열심히 해서, 공부를 좀 더 해서 지금보다 나아지려고 노력하는 이유는 무엇인가? 좀 더 좋은 일, 높은 자리에 오르고자 하는 것인가? 물론 이 또한 좋은 목표일 수 있다. 하지만 달인은 이러한 수직적 초월을 머릿속에 두고 있지 않다. 오로지 지금 자신의 일을 아름답게 변화시키려고 노력한다. 자기 일에서 벗어나려 노력하는 것과 자신의 일을 아름답게 하려 노력하는 것은 그 차이가 크다. 일을 대하는 자세에서 전자는 부정적 사고에, 후자는 긍정적 사고에 바탕을 두고 있다. 생활의 달인을 보면서 아름다움을 느끼거나 감동을 하는 것은 달인들이 자기 일에 긍정적 사고를 하는 사람들이기 때문이다.

달인의 네 번째 특성은, 일의 한계선을 뛰어넘는다는 것이다. 우리는 보통 몇 년 동안 같은 일을 반복하면 지겨워한다. 특히 대학행정인은 3년 정도 지나서 일이 손에 익을 때쯤이면 서서히 다른 업무를 맡기를 기대한다. 하지만 달인에게 3년이라는 시간은 그 일에 대해 이제 겨우 눈을 뜰 정도의 기간이다. 5년 정도 지나면 자기 일에서 한 가닥 희망이 보일 것이고, 그 기간이 지나고 나서야 서서히 자신만의 세계가 열릴 것이다. 자신만의 안목을 가진 달인의 세계로 들어가기 위해서는 한계선을 넘어야 한다. 운동이나 음악을 배우더라도 누구나 한계에 부딪히게 되고, 이를 극복해야 그것이 나와 하나가 되어가는 것을 느끼게 된다. 직장 일도 분명 극복해야 할 한계가 있고, 달인은 그 한계 너머에 존재한다.

달인의 다섯 번째 특성은, 직장에서 고독한 존재라는 것이다. 그들은 일을 자신의 중심에 두고, 그 일을 세상에 유일한 천직으로 만들어 한계를 뛰어넘은 사람이다. 이 한계 밖의 달인들은 더 이상 누구에 의해 교육될 수 없으며, 스스로 길을 만들어 간다. 그 길은 다른 사람들의 눈에는 보이지 않으며 다수의 일반적 기준에 의해 평가될 수 없다. 어느 순간을 넘어서부터는 혼자서 걸어가야 한다. 그래서 직장에서의 달인은 자기 일에 관한 한 고독한 존재일 수밖에 없고, 그러한 고독을 스스로 즐길 줄 아는 사람이다.

직장에서의 달인은 생활의 달인과는 달리 또 다른 고독을 견뎌야 한다. 그것은 조직 내에서의 상대적인 고독이다. 직장은 달인을 잘 인지하지 못하고 비록 안다고 해도 애써 외면한다. TV 속의 생활의 달인은 행복한 표정이다. 그들의 놀라운 솜씨에 진심으로 박수를 보내주기 때문이다. 하지만 대학행정조직에서 누군가가 미더덕 까는 달인의 손놀림만큼이나 뛰어난 행정 감각으로 일을 처리한다고 했을 때 다수의 사람들이 그를 인정하고 그의 의견을 조직에서 쉽게 받아들일 수 있을까? 조직의 정책결정권자가 아니라면 아마도 그의 의견은 관행 속에 묻혀 실현되기 어려울 것이고, 그는 다수의 생각으로부터 동떨어진 존재가 될 가능성이 크다. 이러한 상대적 고독은 달인에게도 달갑지 않은 것이다. 따라서 조직은 달인의 상대적 고독을 해결할 대책을 마련해야 한다. 그렇지 않다면 조직 내의 달인들은 하나둘씩 연기처럼 사라질 것이다.

자기계발

우리는 대체로 당연한 것들을 무감각하게 그냥 지나쳐 간다. 좋은 것이든 개선되어야 할 필요가 있는 것이든 현재의 환경에 익숙해져 있기 때문이다. 변화의 열쇠는 우리가 무의식적으로 지나치는 이러한 평범한 일상 속에서 찾아야 한다. 평범한 일상을 조금 다른 관점에서 바라보고 개선을 한다는 것은 결코 평범한 일이 아니다. 특별히 눈에 두드러진 문제는 누구에게나 인식될 수 있고, 인식된 문제는 그에 맞는 특별한 대책으로 해결하면 된다. 하지만 평범함 속에 숨어있는 문제와 그 해결의 열쇠는 잘 보이지 않을뿐더러 익숙함과의 단호한 결별이 필요한 힘든 일이다.

직장에서 달인이 되는 길에는 많은 장애요소가 놓여있다. 앞서 달인을 조망하는 과정에서도 확인되었지만, 장애요소들을 생각나는 대로 하나씩

열거해보면 우리가 흔히 알고 있는, 다음과 같은 종류의 문제점들일 것이다. 달인을 알아볼 수 있는 조직의 지혜가 부족하다, 수직적 조직문화를 가지고 있다, 마치 벌목하는 것과 같이 어느 날 갑자기 인사이동이 된다, 나에게 필요한 교육이 아니라 누구에게나 필요한 교육만 한다 등등. 조금만 시간을 가지고 생각해보면 이와 같은 장애요소들을 찾는 것은 어렵지 않다. 문제는 달인의 길에 놓인 장애요소를 제거하는 해결책을 찾기가 쉽지 않다는 것이다. 어느 지점에서부터 해결책을 논하더라도 꼬리에 꼬리를 물고 또 다른 문제점이 발견되고, 결국은 장애요소들을 제거할 수 없음을 알고 포기하게 될 가능성이 크다.

그렇다고 달인으로 가는 자기계발을 포기할 수 없다. 물론 최선의 해결책은 아니지만, 조직 구성원들에게 있어서 '교육'이라는 단어는 계속 유효할 것이다. 달인이라는 관점에서 글을 써내려가면서 '교육'이라는 단어를 의식적으로 사용하지 않으려 했다. '교육'이라는 단어가 부정적인 것은 아니지만, 직장인들이 달인의 경지로 올라서기 위해서는 '교육'을 넘어선 그 무엇, 자신만의 자기계발 방법이 필요하다고 생각했기 때문이다. 그러한 자기계발의 방법으론 무엇이 있을까? 강력한 방법의 하나는 바로 글쓰기가 아닐까 한다.

딸아이가 초등학교에 다닐 때 학교 숙제로 일주일에 세 번 이상은 일기를 썼다. 우리도 아이들처럼 자신에 대해, 또 업무에 관해서 보고 느낀 것을 일기를 쓰듯이 표현해보는 것도 나쁘지 않을 것 같다. 나 자신의 '소통의 흔적, 소통의 사후적 기록'을 쓰는 연습을 하는 것이다. 그러한 연습을 통해 2010년에 『캠퍼스 편지』라는 이름으로 한 권의 책을 세상에 내놓았다. 글을 쓰면서도 항상 달인들의 굳은 손과 윤편의 이야기가 항상 머릿속에 맴돌았다. 그들은 자신과 일의 경계를 없애고 하나가 된 사람들이다. 그런데 과연 '나는 어떠한 사람인가?' 하고 생각해보면 한숨만 저절로 나왔다. 내면에서 무엇인가를 찾아서 글로 정리하고, 다른 사람들에게 그것을 전달하는 것이 가능할 것인가? 이렇게 쓴 글들이 공해에 불과하지 않을까? 항상 이런 고민이 머릿속에서 떠나지 않았다.

하지만 직장 일기와 같은 이러한 글쓰기 연습은 결과적으로 큰 도움이 되었다. 몇 년 동안의 기록을 뒤죽박죽 쌓아놓고 있다가 책을 내기 위해 몇 달에 걸쳐 생각을 정리하는 와중에 나 자신을 새롭게 발견하는 계기가 되었다. 그리고 대학 시절에 학점을 받기 위해 억지로 글쓰기 교육을 받았을 때는 단 한 권도 사서 본 적이 없었는데, 책을 쓰겠다고 마음먹은 다음에는 글쓰기에 관한 책도 일부러 사서 몇 권 읽어보았다. 꽤 많은 자기계발서들도 밑줄을 그어가며 읽었다. 예전 같으면 잠시 머릿속에 남아있다가 금세 기억 속에서 사라질 그저 그런 당연한 얘기로만 받아들였었는데, 이번 기회에 꼼꼼히 읽으면서 글쓴이의 입장에서 이해하려고 노력했다. 즉 글쓰기 경험이 나에게 책을 머릿속으로 읽는 것과 마음으로 읽는 것의 차이가 무엇인지 알게 해주었다.

글쓰기를 통해 또 하나 얻게 된 중요한 점은 타자와의 소통에 새로운 전환점이 되었다는 것이다. 글을 매개로 한 소통은 수직적 관계를 넘어서 수평적인 소통을 가능하게 한다. 그 소통은 일터라는 물리적 경계를 넘어 무한한 영역으로 확장된다. 글은 자신의 일부이다. 이 분신들은 세상과의 우연한 마주침을 통해 누군가에게 도움이 되기도 하고, 다시 자신을 성장시키는 힘이 되어 되돌아온다. 글쓰기가 자기계발의 선순환 과정을 거치게 되는 것이다. 자신의 '소통의 흔적, 소통의 사후적 기록'은 누군가에게 징검다리가 될 수 있다. 자신이 스스로 딛고 일어서는 디딤돌이 될 수도 있으며, 누군가 자신의 징검다리를 밟고서 다음 징검다리를 이어놓을 수도 있다. 서로의 힘을 합치면 개울 너머에 있는 달인의 경지로 가는 길이 완성될 수도 있을 것이다.

비밀칭찬 프로그램

어느 토요일 아침, 그날은 어버이날이었고, 이 글을 쓰기 시작한 지 한 3주가 지난 시점이었다. '오늘은 꼭 글을 마무리해야지' 하는 생각으로 아침에 가족들보다 먼저 일어나 책상에 앉아있다가 미처 마무리를 다 못하고 가족들과 함께 늦은 아침밥을 먹었다.

식사를 준비하던 아내가 된장찌개의 간을 봐달라고 했다. 감기에 들어 음식 맛을 느끼지 못하겠단다. 찌개 국물을 한 숟가락 떠서 먹어보고 아내에게 짠지 싱거운지를 얘기해주었다. 그런데 생각해보니 음식이라는 것이 싱겁고 짠맛만 있는 것이 아닐 터였다. 제아무리 뛰어난 말솜씨, 글솜씨를 가진 사람이라 하더라도 음식의 맛을 정확히 표현할 수는 없다. 아내에게 된장찌개 맛을 정확히 설명한다는 것은 불가능한 일이다. 직접 맛을 보는 것이 가장 상책이다.

일 맛도 마찬가지이다. 자기 일에 대한 자기계발 과정에서 글쓰기는 하나의 방법이다. 윤편은 자신의 일은 손으로 느끼고 마음으로 대응해야 하는 일이지 입으로는 설명할 수 없다고 했다. 글로 가장 잘 설명할 수 있는 수준, 그것이 아마 우리가 알고 있는 보편적인 방법일 것이다. 말과 글로 설명할 수 있는 것은 거기에서 끝이다. 자기계발은 그 끝에서 설명할 수 없는 영역에까지 더 나아가야 한다. 설명할 수 있는 곳과 설명할 수 없는 곳과의 거리는 상당하다. 그 길은 오로지 각자 홀로 걸어가야 한다.

이런 생각을 잠시 하는 사이, 당시 초등학교에 다니던 두 딸이 종이로 만든 카네이션과 편지를 우리 부부에게 주었다. 큰 아이의 편지에는 며칠 동안 우리가 궁금해했던 것에 대한 답이 들어있었다. 그 며칠 전 평소와 마찬가지로 집 근처에서 가족들과 같이 외식을 마치고 돌아온 날, 큰 아이는 잠자리에 들면서 엄마 귀에 대고 "오늘 외식시켜주셔서 고맙습니다." 하고 소곤댔는데, 아내는 기분이 좋아져서 큰 아이가 갑자기 왜 그러는지 모르겠다고 했었다. 그리고 어린이날 이를 뽑아 몸 상태가 좋지 않았지만, 가족들과 함께 야구장에 다녀왔었다. 그날 밤 침대에 누워 잠을 자려는데 큰 아이가 조용히 다가와 "놀아주셔서 고맙습니다." 하고 소곤대고는 제 방으로 갔다. 세상에 이처럼 즐거운 속삭임도 있을까? 입가에 미소를 담고 피곤을 잊은 채 잠이 들었다. 다음 날 아내에게 지난밤 일을 얘기했다. 아내는 더는 궁금해서 못 참겠는지 큰 아이에게 물어보았지만, 큰 아이는 비밀이라면서 어버이날 알려주겠다고 했었다. 어버이날 아침, 큰 아이에게 받은 편지에는 우리가 궁금해했던 것에 대한 답이 적혀 있었다.

부모님께

벌써 한 해가 지나 어버이날이 됐어요.

올해에는 학교에서 '비밀칭찬 프로그램'을 했어요.

첫날에는 엄마, 아빠인데도 좀 쑥스러웠어요.

그래도 엄마, 아빠께서는 기분 좋게 받아주셨어요.

저도 기분이 좋았고요.

엄마, 아빠 항상 저를 아껴주시고 웃어주셔서 고마워요.

사랑해요!

아이의 작은 속삭임은 우리 부부가 좋은 부모가 될 수 있도록 하는 데 큰 힘이 되어주었다. 직장에서도 지친 어깨너머로 누군가가 "오늘도 당신의 하루는 우리 직장에 큰 보탬이 되었습니다. 고맙습니다." 하고 속삭여주었으면 좋겠다. 지금 어느 직장에선가 '비밀칭찬 프로그램'이 은밀히 시행되고 있을지도 모르겠다.

제2장

학번과 코드사회

학번 속에 숨겨진 세 가지 코드

누군가 내게 몇 학번이냐고 물을 때면 "네, 저는 86학번입니다."라고 간단히 대답한다. 하지만 실제 나의 대학 학번은 총 일곱 자리의 숫자로 구성되어 있고, 그 속에는 몇 가지 정보가 담겨 있다. 앞의 두 숫자는 대학교에 입학한 연도, 다음 두 숫자는 학과코드, 마지막 세 자리는 일련번호이다. 학번 속에 있는 이러한 코드들을 행정적인 관점에서, 또 사회적인 관점에서 한번 음미해보는 것도 괜찮을 듯싶다.

먼저 학번의 앞에 붙은 두 숫자를 좀 더 들여다보자. 이 '86'이라는 두 자리 숫자에는 당연히 20세기라는 개념이 내포되어 있다. 그런데 새천년이 시작되면서 연도를 표시하는 이 두 자리 숫자에 문제가 생겼다. 2000년대 이후에 입학한 대학생에게 기존의 방식대로 학번을 부여하면 00, 01, 02 등과 같이 0이라는 숫자가 맨 앞에 오게 된다. 그러면 전산상 생각하지 못한 오작동이 일어날 위험이 크다. 그래서 대학들은 기존의 학번 부여 방식을 불가피하게 변경해야 했는데, 대부분 학번의 자릿수를 늘려 입학 연도 전체를 기재하는 방식을 택했다. 누군가가 학번 부여 방식을 설계했을 시점에 새로운 천 년은 전혀 고려할 필요가 없는 먼 미래였을지 모른다. 하지만 대학은 새천년을 맞이했고, 이제 과거의 학번 부여 방식은 우리가 한때 20세기에 살았었음을 환기해주는 번호가 되었다.

어쨌든 우리나라 대학들은 학번 맨 앞에 입학 연도를 표시하고, 이 연도는 우리 사회에서 아주 유용하게 쓰일 때가 많다. 예를 들면 낯선 사람을 만나서 서로 좀 친숙해지고 싶을 때 적당한 기회를 봐서 "혹시 몇 학번이시죠?"라고 한마디 던져서 말문을 트는 경우가 많다. 상대방으로부터 "예, 저는 어느 대학교 몇 학번입니다."라는 대답을 들으면 상호 간에 위계질서가 잡히고 막걸리 한잔을 하면서 친해질 계기를 마련할 수 있다. 또 학번은 가끔 상대의 기를 꺾어놓고 싶을 때도 쓰인다. 상하 간의 언쟁 끝에 터져 나오는 "야! 너 몇 학번이야?"라는 선배의 일격을 당해낼 후배는 없다. 이처럼 학번의 맨 처음 두 자리는 사회 구성원들을 수직적으로 줄을 세워주는 좋은 수단이 된다. 하지만 학번이 이런 역할까지 해야 하는지 한 번쯤은 생각해볼 필요가 있다.

다음으로 학번의 두 번째 코드를 살펴보자. 나의 경우, 학번 속에 있는 입학 연도 다음의 두 숫자인 학과코드는 학과 설립 순에 따라 순차적으로 붙여진 번호였다. 그래서 이 코드를 보면 학과의 설립 순서를 어림짐작할 수 있다. 학과에 두 자릿수 코드를 부여하는 방법은 학생이 하나의 학과를 선택해 입학하는 학과제에서는 아무런 문제가 없었다. 하지만 1990년대 후반, 정부가 대학에 학부제를 강력하게 요구하면서부터 학번에 학과코드를 부여하는 일이 꼬이기 시작했다. 학부제는 대학의 세분화된 전공이나 학과를 통폐합하여 하나의 큰 학부 형태로 신입생을 모집하고 운영하는 제도이다. 이처럼 학부제에서는 신입생들의 학과가 정해져 있지 않아 이들에게 학과별로 코드를 부여하는 것이 불가능하다. 예를 들면 A라는 학부제에 5개 학과가 속해 있다면 학생들은 일단 학부제로 입학한 후 A 학부의 코드를 부여받는다. 그리고 2학년에 올라갈 때 학과를 선택하게 된다. 따라서 학부제를 시행한 1990년대 후반 이후의 학번으로는 학생이 실제로 어느 학과에 소속해 있는지 파악할 수 없다.

이러한 학번 부여 방식의 변화는 한때 학생과 학교 본부 간에 실랑이하는 원인이 되기도 했다. 매년 2월이면 재학생들은 합격생들과 함께 소위 새터(새내기 새로배움터)라는 행사를 개최하는데, 이 새터를 떠날 즈음이면 재학생 대표들이 어김없이 학교 본부로 찾아와서 자신들이 원하는 방식대로 합격생들의 학번을 부여해 달라고 요구해왔다. 예를 들면 A 학부에 속한 철학과는 1000번부터 1050번까지, 사회학과는 1051번부터 1100번까지 사용하겠다고 정해놓고 합격생들을 그 번호에 따라 임의로 배정해 달라는 것이다. 앞서 언급한 것처럼 학부제에서는 학과별 코드 부여가 논리적으로 불가능하지만 학생들은 예전의 관행에 억지로 맞추려 하였고, 더구나 자신들의 그런 요구가 마치 민주화 투쟁의 하나인 것처럼 여겼다. 학교 본부는 학생들의 이런 요구에 단호하게 대처하지 못했다. 그래서 재학생들은 자신들이 원하는 방식으로 합격생들의 학번을 받아 새터 행사에서 합격생들에게 학번을 전해주었다. 결국 신입생들은 자신의 의지와는 관계없이 임의로 구분된 학과코드가 새겨있는 학번을 받게 되었다. 이후 2학년이 되어 다른 학과를 선택한 학생의 경우 학번에 새겨진 학과코드와 실제 소속이 달라 정체성 혼란이 심화되는 원인이 되었다.

이느 학생이 학교의 건의함에 올린 글을 잠시 살펴보자.

제목: 신입생 과반 배정에 관하여 Date 2006-09-03

곧 입시철이 돌아올 텐데 신입생들은 또 랜덤으로 학번을 배정받고 학번에 따라 과반이 결정될 겁니다. 그런데 저도 입학하면서 느꼈지만 본인의 의지와 관계없이 특정 과반 학생회에 소속되는 것은 문제가 있다고 봅니다. 특히 학과가 2개 이상인 단과대의 경우, 각 과반이 학부제 이전의 전공을 명칭으로 사용하고 있는데 실제로 과반의 명칭과 본인의 전공이 일치하지 않는 경우 괴리감을 느낄 수도 있습니다.

괴리감이야 중요하지 않다고 해도 학부제 이전의 선배들과 이후의 후배들이 '전공'이라는 공통점 하에 유대감을 느낄 수 있었는데 이러한 유대감이 끊긴 것이 진짜 큰 문제라고 봅니다. 우리 대학교 출신들이 사회에서 맹위를 떨치는 것도 개개인의 실력이 뒷받침되는 면도 있지만 선후배 간의 '유대감'도 큰 역할을 하였는데, 학부제 이후 랜덤식의 과반 배정 때문에 유대감이 줄어든 것 혹은 동기들 사이에 전공이 달라 쉽게 어울리기 힘들어 유대감이 줄어든 것은 우리 대학교 전체로 봐도 손해가 아닐까 싶습니다.

신입생들이 직접 과반을 정하면 후에 마음이 바뀌더라도 많은 경우 처음 생각한 전공을 택하게 되는바, 같은 수업을 들으면서 동기들끼리 유대감이 늘어날 것이고 이미 졸업한 학부제 이전의 선배들과도 공통점을 찾아내기 쉬워지리라 봅니다. 법대나 경영대처럼 단일학과의 단과대는 문제가 되지 않는다고 해도 문대나 정대 등등의 단과대에서는 신입생들에게 과반을 선택할 기회가 주어져야 한다고 봅니다. 학번은 과반을 정한 후 랜덤으로 정해도 충분하다고 생각합니다. 그리고 특정 과반에 몰릴 경우 추첨을 통해 선별하면 될 듯하고요. 학교 측에서 위 사례를 참고하여 재고해주셨으면 좋겠습니다.

왜 이런 현상이 벌어진 것일까? 학생들은 학부제를 탓한다. 물론 정부에서 강제로 추진했던 학부제 정책에도 분명 문제가 있다. 하지만 이는 교육정책에 관한 부분이다. 이 문제의 본질은 우리 사회에 은밀하고 깊숙하게 뿌리내리고 있는 조직문화에서 찾아봐야 한다. 학과라는 조직은 대학 캠퍼스 내에서의 선후배 관계로 끝나는 것이 아니라 사회로 진출한 선배들에게까지 족보처럼 연결되어 있다. 학번 속의 학과코드는 이 연줄을 이어주는 매개가 되어 조직에 대한 결속력을 강화시키는 작용을 해왔다. 학부제에서의 학번은 뜻하지 않게도 학과라는 조직에 대한 결속력을 측정하는 리트머스 시험지 역할을 하게 된 것이다. 학번에 이러한 조직의 은밀한 코드를 새겨 넣을 필요가 있을지 생각해본다.

나의 학번 마지막 세 번째 코드는 이름순으로 된 일련번호로 정해졌다. 그래서 같은 학과 앞뒤 학번의 친구들은 모두 나와 성씨가 같다. 팀별로 과제를 해야 하는 경우 보통 학번으로 그룹을 나누게 되는데 이러한 일련번호 체계는 성씨가 같거나 비슷한 친구들로 팀을 구성하도록 유도한다. 우리 학과는 정원이 80여 명이라 분반할 일이 없었지만, 학생 수가 많은 법학과나 경영학과 같은 경우는 학번 순에 따라 A반, B반, C반 등으로 나누어 운영하기도 했다. 이렇게 분반된 학과는 교우관계가 비슷한 성씨들로 구성될 가능성이 그렇지 않은 학과보다 훨씬 높았다.

학교에서 반 번호를 정하는 방식은 지금도 크게 변하지 않은 것 같다. 딸 아이가 초등학생일 때 반 번호를 2개 가지고 있는데 하나는 이름순으로, 다른 하나는 키순으로 된 번호였다. 나 역시 초등학교를 다닐 때 키순으로 반 번호를 정했었다. 고등학교 3학년 때는 좀 특이한 방식으로 반 번호를 정했다. 성적순으로 번호가 정해졌는데, 내 번호는 4번이었다. 번호에는 반에서 공부를 나보다 더 잘하는 친구가 3명 있다는 의미가 담겨 있었다. 고등학교 3학년 내내 세 친구보다 더 높은 성적을 받지 못했던 터라 1, 2, 3등은 항상 고정이었다. 이처럼 조직은 그 구성원들에게 어떤 방식으로든 일련번호를 부여한다. 이름순이든, 키순이든, 성적순이든 특정한 기준에 따라 학번에 일련번호를 부여하면 보다 편리하게 관리할 수 있다.

리처드 탈러, 카스 선스타인이 지은 『넛지』에 의하면 넛지(Nudge)는 타인의 행동을 유도하는 부드러운 개입을 뜻하는 말로, 똑똑한 선택을 유도하는 선택 설계의 틀을 의미한다. 그리고 사람들이 결정을 내리는 배경이 되는 '정황이나 맥락'을 만드는 사람, 즉 넛지를 제공하는 사람을 '선택 설계자(Choice Architect)'라고 정의하고 있다. 선택 설계자의 역할은 분명 행정가를 닮아있다. 그러면 행정가들이 제공하는 학번은 '똑똑한 선택을 유도하는' 역할을 수행하고 있을까? 부여받은 학번은 대학생들의 삶에 긍정적으로 작용하는가? 아니면 부정적으로 작용하는가? 알 수 없는 일이다. 이러한 번호들이 그들의 삶에 어떻게 작용하는지 단정적으로 말할 수는 없지만, 한 가지 확실한 것은 그들의 삶에 지속적으로 영향을 미치고 있다는 점이다. 그렇다면 번호가 삶에 지속적인 영향력을 발휘하도록 방관하고 있는 것은 위험한 일이 아닐까?

코드를 통해 본 사회

학번 자체는 단순한 코드에 불과하지만, 그 속에는 행정시스템과 사회 구성원의 삶의 형태가 고스란히 녹아있다. 그래서 학번과 같은 코드들을 따라 사회조직 속으로 구경삼아 떠나보는 것도 나름대로 의미 있는 여행이 될 수 있을 것이다. 이 여행을 통해 세상을 바라보는 또 하나의 즐거움을 얻을 수 있을 것이고, 길을 가다 우연히 세상의 엉킨 실타래 한 가닥을 내 손으로 풀어줄 수 있는 행운도 따를지 모른다. 그런 의미에서 우선 우리 주변에 흔한 코드 중 몇 가지만 살펴보고자 한다.

K 대학교에서 편성되어 있는 정규 교과목은 7천여 개에 이른다. 그렇다면 교과목코드는 어떻게 부여될까? 교과목을 개설하는 학과의 영문 이니셜에 일련번호를 부여한다. 가령 경영학과는 Business의 약자로 BUSS를, 경제학과는 Economy의 약자로 ECON이라는 이니셜을 사용하고, 여기에 세 자리 숫자를 추가하여 코드를 만든다. 숫자의 체계는 고학년이 수강해야 하는 교과목일수록 앞번호의 숫자가 높아지고, 1학기에 개설되는 과목은 맨 뒷자리가 홀수, 2학기에 개설되는 교과목은 짝수가 된다. 코드만 보아도 어느 학과에서 만든 교과목이고, 교과목의 수준은 어떠하고, 어느 학기에 개설되는지 등 여러 정보를 알 수 있다. 즉 이 일곱 자리 코드는 교과목 관리를 편리하게 해주고 많은 정보를 알려주는 역할을 톡톡히 하고 있다. 하지만 이렇게 정교화된 코드체계는 교과목을 운영하거나 개편하는 데 있어 오히려 융통성을 떨어뜨리기도 한다.

어느 날 A 학과의 교수가 B 학과에서 개설한 교과목을 A 학과의 전공 교과목으로 편성할 수 있는지 문의한 적이 있는데, 당연히 가능하다고 답변해주었다. 그 교수는 그 답변에 약간 의아해하는 표정이었다. 의외로 많은 교직원들은 A 학과의 교수처럼 자신의 학과에서 개설한 교과목으로만 전공 교과목으로 편성하는 것이 당연하다고 생각하고 있다. 왜 이런 고정관념이 생기게 될까? 그것은 학과의 이니셜을 딴 교과목코드가 그들에게 똑똑하지 못한 선택을 유도하는 역할을 했기 때문이다. 예를 들어 경영학과 전공 교과목은 거의 대부분이 BUSS로 시작하는 교과목들로 구성되어 있을 터인데, 이 중에 ECON으로 시작하는 교과목이 하나 있다고 해보자. 경영학과 교직원들은 전공 교육을 위해 경제학과에서 개설한 교과목도 필요하다는 원론적인 입장은 이해하면서도 ECON이라는 코드로 시작하는 교과목이 뭔가 미운 오리새끼처럼 눈에 거슬린다. 그리고 나중에는 혹시 교과목 편성이 잘못된 것은 아닐까 하는 생각마저 하게 된다.

이처럼 똑똑하지 못한 선택을 하도록 유도하는 것은 대학의 교육과정에 상당히 좋지 않은 영향을 끼친다. 학과 간에 교과목을 공동으로 활용하기보다는 서로 배타적으로 활용하도록 작용하게 되고, 이는 교과목의 지나친 세분화와 유사한 교과목의 난립을 초래하여 교육의 부실로 이어질 수 있다. 또한 대학 전체의 편성 교과목 수가 적정 규모를 훨씬 초과하게 되고, 결국 교육원가의 상승으로 이어진다. 물론 교과목코드가 이 모든 멍에를 다 뒤집어쓰는 것은 억울한 부분도 있겠지만, 이러한 부작용이 발생하는 데 일조하고 있는 것은 사실이다.

K 대학교는 지방에 분교가 있어, 한때 본교와 분교 간에 전과를 허용하는 제도가 있었다. 그런데 캠퍼스 간 전과제도를 통해 분교에서 서울 본교의 새로운 학과로 소속을 옮긴 학생들은 바뀐 학과가 중요한 것이 아니라 새로운 학번을 부여받는 것을 더 중요하게 여기는 듯했다. 학교 본부에서

본교나 분교 모두 같은 학교이니 학생들에게 이전에 분교에서 쓰던 학번을 그대로 쓰는 것이 어떠냐고 제안했더니 그들은 절대 받아들일 수 없다는 태도를 보였다. 학번에 학과코드가 새겨져 있어 코드만 봐도 본교와 분교를 구분할 수 있기 때문이다. 학생들은 학번이 신분을 대변하는 코드임을 알고 있고, 그러한 사회조직에 적응하고 있었다.

이처럼 캠퍼스 간이든 캠퍼스 내에서든 전과제도가 있는 한 학번에 새겨진 학과코드는 항상 논란의 대상이 될 수밖에 없다. 그렇다면 학번을 부여할 때 학과코드를 아예 없애면 어떨까? 어느 학과도 이 제안을 쉽게 받아들일 것 같지가 않다. 대학조직은 생각보다 둔하고 움직임이 느리다. 오히려 대학 밖의 사회에서 잘못된 코드의 관행을 먼저 타파해나가고 있다.

1990년대 후반에 서울에서 경기도로 이사를 한 적이 있다. 당시 자동차 번호판에 버젓이 '서울'이라고 찍혀있었는데, 경기도 도민이 된 이상 '경기'라고 쓰인 번호판으로 바꿔 달아야만 했었다. 하지만 지금은 시도 경계를 넘어 거주지를 옮기더라도 번호판을 바꾸지 않는다. 새로운 자동차 번호판에는 지역을 표시하지 않기 때문이다. 그래서 고향을 방문하거나 다른 지역을 여행하더라도 예전처럼 서울에서 온 외지인이라는 인상을 주지 않아서 좋다. 하지만 번호판과는 달리 운전면허증에는 여전히 면허를 발급받은 시도명이 큼지막하게 쓰여 있다. 면허번호 부여체계는 언제쯤 바뀔 것인가?

대학교의 교직원번호는 교원, 강사, 직원 등으로 구분하여 부여된다. 또 교원은 조교, 강사, 전임교수 등으로 부여체계가 세분화되어 있어 한 학교에서 조교로, 강사로, 전임교수로 신분이 바뀔 때마다 새로운 번호를 발급받아야 한다. 직원은 정규직과 임시직으로 구분되고, 정규직은 다시 행정직, 전산직, 기능직 등 직렬에 따라 세분화된다. 그래서 임시직 직원이 정규직으로 전환되거나 직렬이 바뀔 때도 역시 새로운 번호를 발급받아야 한다. 이처럼 교직원번호는 그 사람의 사회적 신분을 그대로 대변하고 있다. 이는 사회를 좋지 않은 방향으로 구조화시키는 것은 물론 사회 구성원 개인에게 큰 상처를 안겨줄 수 있다. 개인에게 부여된 고유번호는 그 조직에서 사용하는 개인의 이름과 같다. 임시직에서 정규직으로, 강사에서 전임교수로 전환된다고 해서 개인의 이름이 바뀌지 않는다. 이름은 항상 그대로이다. 마찬가지로 개인의 고유번호는 그 사람을 식별하는 이름의 역할로 그쳐야 한다.

교직원번호가 신분을 인식하는 코드로 활용되면 엉뚱한 곳에 영향을 미치기도 한다. K 융합대학원에서 A라는 시간강사가 한 교과목을 강의했는데, 다음 달 첫 급여일에 강사료가 지급되지 않았다. 교과목 관리시스템에 담당 강사를 입력해놓으면 마땅히 강의료가 지급되게 설정되어야 했지만 어디에선가 문제가 생긴 것이다. 담당자가 확인해보니 강사의 코드가 잘못되었다고 한다. 시간강사 기준에 맞게 강의료가 지급되기 위해서는 관리시스템이 강의자를 '시간강사'라고 인식하여야 하는데, 그 인식 기준이 그 강사의 교직원번호 다섯 자리 중 첫 번째 자리가 서로 약속한 특정한 숫자로 되어 있어야 한다는 것이다. 그런데 A 강사는 독립채산제로 운영되는 별도의 단과대학 소속인데 이 단과대학 코드체계가 학교 본부와 달라 급여관리시스템이 A 강사의 코드를 인식하지 못하여 급여가 지급되지 않았던 것이다. 강의료 지급 담당자는 강사의 코드를 본부의 기준에 맞게 다시 부여해서 입력하면 해결될 것이니 K 융합대학원에서도 그렇게 일을 처리해 달라고 요청했다. 당장 A 강사의 급여 지급을 위해 본부의 요청을 따를 것인가? 하지만 본부의 요청을 그대로 따르면 잘못된 관행을 더욱 견고하게 만드는 또 하나의 사례가 될 것이다. 그래서 이 방식에 이의를 제기했었다. 교직원번호 자체가 신분으로 인식되고 급여관리시스템에까지 연동되는 방식은 바람직하지 않다. 다소 불편하더라도 급여관리시스템은 교직원번호가 아닌 다른 방식으로 정보를 관리하는 것이 맞다. 이것은 정보기술의 문제가 아니라 삶의 방식에 관한 문제이기 때문이다. 우리는 지금 사람 사는 세상이 어떠해야 하는지 한 번쯤 생각해볼 겨를도 없이 삶이 정보기술을 쫓아가기에도 바쁜 세상에 살고 있다.

이처럼 우리 주변의 코드들을 관조해보라. 그러면 학번, 교과목번호, 교직원번호와 같은 코드들이 단순한 수단에 불과하다는 것을 망각한 채 그 코드체계를 쫓아 움직이고 있는 자신을 발견하게 될 것이고, 그 순간 우리는 당혹스러움을 느낄 것이다.

변화를 위한 작은 실천

2013년 K 융합대학원이 개원하면서 그곳에서 근무할 때의 일이다. 그해 K 융합대학원의 첫 신입생 모집이 마감되어 학번을 부여하는 일을 맡게 되었다. 사실 학번을 부여하는 일은 이미 틀이 정해져 있는 반복적인 행정 절차 중의 하나이다. 하지만 그 일상적인 절차를 앞두고 멈칫할 수밖에 없었다. 왜냐하면 '나라면 학번을 이렇게 부여했을 텐데.'라는 생각을 줄곧 해왔는데, 정작 학번을 부여해야 하는 담당자가 되어 지금 당장 학번을 부여해야 할 때임에도 아무런 준비도 하고 있지 않았음을 문득 깨달았기 때문이다.

'그래! 예진부터 학번의 문제점에 대해 항상 생각하고 있었지. 그동안 깜빡 잊고 있었군. 지금이라도 새롭게 생각하지 않으면 과거의 관습에서 벗어날 수 없을 거야. 급히 서둘러야겠군.' 속으로 혼잣말을 하고 나서 무엇을 해야 할지를 생각했다. 반복적인 행정의 일상 속에서 어떤 것이 잘못된 관행인지 알기는 쉽지 않을뿐더러 비록 그것을 인지했다고 하더라도 변화를 위해 움직여야 할 적절한 시점을 발견하는 것은 더 어려운 일이다. 무엇보다도 지금 가장 필요한 것은 변화를 위한 행동을 하는 것이다. 그래서 우선 다른 대학원의 학번 부여 방식부터 살펴보았다. 앞의 네 자리는 입학 연도, 다음 두 자리는 각 대학원의 고유번호, 다음 한 자리는 학위과정을 구분하는 자리로 사용하는 데 박사과정은 1, 석사과정은 2, 석박사통합과정은 3을 부여하고 있었다. 그리고 마지막 세 자리는 일련번호인데 대체로 수험번호순으로 부여했다. 이 방식대로 64라는 코드를 부여받은 K 융합대학원에 적용해보면, 박사과정 학생은 2013641, 석사과정 학생은 2013642, 석박사통합과정 학생은 2013643이라는 번호 뒤에 수험번호대로 세 자리를 부여하면 된다. 기존의 관례를 따르고자 한다면 고민해야 할 일은 전혀 없다. 컴퓨터는 이미 그러한 방식으로 프로그램화되어 있고, 몇 번의 클릭만 하면 자동으로 학번을 생성할 수 있다. 그리고 신입생들은 학교에서 부여한 학번을 인터넷을 통해 확인하면 되는 것이다. 학교 행정 담당자들이나 학생들은 이러한 방식을 당연하게 받아들인다. 이처럼 학번을 부여하는 일은 매번 새로운 의사결정을 할 필요가 없이 담당자가 주어진 조건에 따라 움직이면 되는 일이다.

변화를 위해서는 학번 부여를 앞둔 그 시점이 구체적 행동을 할 시기였다. 먼저 변화를 줄 수 있는 학번이 어디까지인지 생각했다. 우선은 총 열 자리 중 마지막 일련번호 세 자리는 임의로 부여해도 문제가 없을 것 같았다. 그리고 앞에서 일곱 번째 자리, 즉 1, 2, 3이라는 숫자로 학위과정을 구분하는 것이 꼭 필요한 것인지를 고민했다. 이에 대해 다른 행정 담당자나 학생들에게도 의견을 구했다. 결론적으로 학위과정을 구분하는 번호는 행정적으로 일부 편한 점은 있지만 큰 의미는 없다고 판단했다. 그렇다면 일부 행정적 불편을 감수한다면 이 자릿수도 변화를 줄 수 있겠다는 생각이 들었다. 결국 총 열 자리 중에서 앞의 여섯 자리는 기존의 것을 따르고 뒤의 네 자리는 마음대로 변화를 줄 수 있는 번호가 되는 것이다.

그러면 그 네 자리를 어떻게 부여할까? 이런 고민은 골치 아픈 문제가 아니라 오히려 창의력을 자극하는 즐거운 일이었다. 무작위로 할까? 수험번호순으로 할까? 나이순으로 할까? 이름순으로 할까? 그런데 꼭 일련번호대로 줄을 세워야 하나? 이런 방법으로 일련번호를 부여한다면 후기 신입생 학번은 어떻게 부여하지? 아하! 그래 바로 그거야. 왜 번호를 부여해야만 한다고 생각을 하고 있지? 일련번호가 필요 없이 무작위로 부여하는 것이 바람직하다면 꼭 학번을 부여할 필요가 없잖아. 왜 학번은 학교에서 정해서 줘야 한다는 생각을 버리지 못했지? 그래! 학생들에게 학번을 돌려주자. 학번의 마지막 네 자리는 학생들이 스스로 정하게 하자. 생각해보니 그렇군. 자동차 번호판의 끝 번호를 홀수로 할 것인지 짝수로 할 것인지, 휴대전화 뒷자리 번호를 어떻게 할 것인지는 차주가 정하지 않는가.

학번도 누군가로부터 부여받는 것이 아니라 학생들이 자신에게 의미 있는 번호로 스스로 만들 수 있다면 얼마나 즐거운 일이겠는가. 학생들은 자기가 만든 학번에 대해, 나아가 학교에 대해 조금이나마 더 애착을 가지게 될 것이다. 학번을 학생들이 만들 수 있도록 하는 것, 그것은 학생들에게는 특별한 선물이 될 것이다. 즐거운 상상의 끝에 누군가에게 선물을 줄수 있다는 사실을 깨닫고 행복했다. 이것은 행정 일을 하면서 얻을 수 있는 즐거움 중의 하나였다.

1분의 의사결정과 리더십

이제 결정할 일만 남았다. 아이디어를 한 장으로 정리해서 진정일[1] K 융합대학원장에게 보고했다. 보고서는 기존의 학번 부여 방식의 설명과 함께 새로운 방식을 마지막에 대안으로 넣었다. 그리고 원장이 최종 의사결정을 내리기 전에 담당자로서의 생각을 먼저 말씀드렸다. 기존의 학번 부여 방식을 변화시키기 위한 절차의 마지막 단계에 와 있었고, 실행할 것인지 아닌지는 원장의 결정에 달려있다.

"행정은 유 과장이 책임지고 하는 것이니 당신 뜻대로 하시오."

이것이 진정일 원장의 결론이었다. 원장은 'YES'라거나 'NO'라는 답을 주지 않았다. 원장은 이 일의 결정 권한을 실무자에게 돌려주었고, 직접적인 결정 대신 눈빛과 표정, 분위기를 통해 긍정적인 신뢰를 함께 전해주었다. 원장은 조직의 리더로서 의사결정이 필요한 순간에 자신의 확실한 리

---

1. 진정일 교수는 고려대학교 석좌교수로서 K 융합대학원장 초대 원장을 맡았다. 나는 이 세계적인 학자가 입학정원 40명의 작은 대학원을 만들면서 보여준 놀라운 안목과 세밀한 실천 과정, 탁월한 리더십을 배우고 느낄 수 있었다. 진정일 교수에 대한 존경과 감사를 표하는 의미에서 여기에 실명을 그대로 싣는다.

더십을 보여준 것이다.

여기에서 잠깐 이 짧은 의사결정의 순간을 몇 가지 관점에서 살펴보고
자 한다. 의사결정의 순간은 아주 짧은 시간이지만 행정에 있어서 가장 중
요한 절차이다. 우선 원장이 결정하기 전에 담당자로서의 의견을 먼저 말
한 것은 나름의 이유가 있었다. 행정은 그 자체가 목적이나 결과로서 존재
하는 것이 아니라 어떤 결과를 만들어내는 과정으로서 존재 가치가 있다.
그리고 그 일의 과정에 어떻게 개입하는지에 따라 결과에 큰 영향을 미친
다. 하지만 결과만을 놓고 본다면 행정의 손길이 어떻게 작용했는지는 잘
보이지 않는다. 좋은 결과를 만들지 못한 조직은 대부분 보이지 않는 손의
작용을 간과한다. 좋은 결과를 만들어내는 조직이 되고자 한다면 행정 실
무자의 경험과 판단들이 의사결정 과정에 적극적으로 반영되는 것이 바
람직하다. 학번 부여 방식을 결정하는 데는 분명 경험과 판단이 필요하고,
이러한 보이지 않는 손이 작용하는 것이 좋은 결과를 만들어내는 데 도움
이 될 것이다. 행정 담당자로서 학번 부여 방식에 대해 눈을 감고서 그저
옛것을 그대로 따르기만 한다면, 도대체 누가 새로운 의견을 제안하고, 이
를 개선할 수 있단 말인가?

관례에 따라 처리해도 될 일상적인 업무 절차를 애써 끄집어내어 보고
서에 넣고 다시 살펴보는 데에도 그 까닭이 있다. 일반적인 행정 업무는
절차마다 매번 의사결정을 새롭게 하는 것이 아니라 기존의 규칙과 관행
에 따라서 움직이는 경향이 있다. 이러한 관성은 분명 조직을 안정적으로
유지시켜 주는 힘이 되기도 한다. 하지만 모든 행정 절차가 기존의 규칙
이나 관행대로만 흘러간다면 혁신의 조그마한 기회들마저도 함께 흘러가
사라져버릴 것이다.

대학 행정 업무는 연간 또는 학기 단위로 반복된다. 반복된다는 것은 그만큼 매번 변화의 기회가 온다는 뜻이다. 그러한 기회가 올 때마다 같은 방식으로 일을 처리한다면 변화는 생기지 않을 것이다. 매번 반복되는 수많은 절차들 중에서 무엇을 그대로 흘려보내고, 무엇을 붙잡고 다시 생각해봐야 하는가? 모든 것을 붙잡고 다시 생각하는 것은 과잉이다. 그렇다고 무조건 흘려보내는 것은 너무 무능력해 보인다. 흐르는 강물에서 순간적으로 송어를 낚아채는 강태공처럼, 어떤 것은 흐름에 맡기고 어떤 것은 순간적으로 낚아채서 고쳐야 하는지를 포착하는 능력, 그것이 행정가가 갖춰야 할 진정한 실력이고 일하는 즐거움이다. 행정의 손맛을 느낄 수 있는 사람들이 많아져야 조직은 작은 혁신들이 창발하고 살아 움직이게 될 것이다.

원장과 학번 부여 방식의 결정을 위해 나눌 수 있는 대화의 시간은 1분을 채 넘지 않았다. 이처럼 실무자가 몇 해 동안 고민해왔던 문제라 하더라도 최종 의사결정권자에게 그 문제를 설명할 시간은 아주 짧게 주어지게 마련이다. 대체로 실무자와 의사결정권자는 서로 다른 업무, 다른 관점으로 항상 바쁘다가 어떤 일에 대해 의사결정을 해야 하는 순간에 교차로에서 잠시 조우하게 된다. 위계조직에서의 의사결정 방식은 근본적으로 갈등과 손실이 존재할 수밖에 없는 구조적 한계를 지니고 있는 것이다.

살아 움직이는 조직을 만들고자 한다면 실무자나 의사결정권자 모두이 '1분의 의사결정' 순간에 대해 깊은 성찰을 해봐야 한다. 실무자는 1분 안에 의사결정권자를 완벽하게 설득할 수 없고, 의사결정권자는 1분 안에 모든 상황을 정확하게 이해하고 결정할 수 없다. 의사결정권자는 A라는 사건에 대해 자신이 가지고 있는 관점에다가 실무자로부터 보고받은 약간의 추가정보를 보태서 결정하게 된다. 결국 1분 안에 'Yes' 또는 'No'의 결정을 내린다면 최선의 결정이 내려질 확률은 낮다. 그럼에도 실무자는 여전히 리더에게 핵심적인 사항만 간추려 짧은 시간 안에 보고해야 하고 리더는 확률이 낮은 의사결정을 하고 있다. '리더가 결정해야 한다'라는 조직의 기본 구조를 벗어나지 못하는 것이다. 훌륭한 리더는 본인이 결정할 것인지 실무자가 결정할 것인지, 그 구조 자체를 스스로 슬기롭게 선택해서 결정할 수 있는 능력을 갖추고 있다. 조직의 기본 구조를 벗어나지 못하고 한 가지 방법만을 고수하는 사람은 모든 것을 혼자 결정하고, 그 결정 역시 실패할 확률이 높다.

실무자와 의사결정권자 간의 학번 부여 방식에 대한 의사결정 순간도 이러한 관점에서 살펴볼 필요가 있다. 사실 학번 부여 방식을 바꿔야 하는 이유를 설명하려면 1시간을 온전히 써도 부족했고, 그렇다고 이것을 단 1분 이내로 요약할 능력도 없었다. 이런 이유로 선택한 방법은 "학번 부여 방식에 대해 가지고 있는 생각이 있습니다."라는 한마디였다. 리더가 누군가를 신뢰하고 일을 맡긴다는 것은 여간 어려운 일이 아니다. 하지만 진정일 원장은 실무자의 승부수를 받아들였다. 이 '1분의 의사결정' 순간에 학번 부여 방식의 결정권을 실무자에게 넘겨주는 방식을 택한 것이다. 결코 학번 부여에 대한 관심이 적어서 결정권을 실무자에게 위임한 것이 아니다. 원장은 누구보다도 행정이 어떻게 작용해야 하는지 잘 알고 있었고, 그것을 실천한 것이다. 학번 부여 방식에 대해 선택 설계자로서 넛지를 제공하자 원장은 멋진 리더십을 보여줬다. 결국 K 융합대학원은 학번 선택제를 실시하였고, 학생들은 학번의 마지막 네 자리를 스스로 선택하게 되었다. 학생들이 선택한 번호가 무엇인지 궁금하지 않은가?[2]

행정과 정보시스템

반복되는 행정은 관행이 생기게 되고 정보시스템으로 프로그램화되어 절차가 고착화된다. 그러한 행정 행위를 개선하려고 하면 그 권한은 대체로 행정 담당자와 정보시스템 담당자 사이의 어디쯤 방치되어 있을 가능성이 크다. 만일 어떤 행정 담당자가 학번을 일련번호가 아닌 다른 방식으로 생성하고 싶어 정보시스템 담당자에게 정보시스템 수정을 요청한다고 할 때 그들 간의 대화는 이러할 것이다.

"혹시 무작위로 학번을 배정하는 것이 가능할까요?"

"지금은 불가능한데요. 학번이 시스템에서 자동으로 생성되게 설정되어 있는데, 이걸 바꾸려면 최소한 한 달 이상은 걸릴 거예요. 그리고 지금은 개발하려도 해도 다른 시급한 일이 너무 많아요. 내년에 바꾸는 거로 하고 올해는 전년도처럼 배정하시죠."

그러면 행정 담당자는 내년을 기약하고 계획을 세울까? 아니다. 학번 배

---

2. 2013년 첫 학기 K 융합대학원 신입생 19명이 선택한 학번의 끝자리 네 자리는 생년월일, 전화번호, 기념일 등 기억하기 쉬운 번호(13명), 학부 시절의 학번(2명), 1004번(1명)이었다. 여태껏 주어진 학번에 익숙한 나이든 학생들임을 실감 나게 하는 선택이었다. 그 이후로도 입학한 신입생들에게 '당신이 선택한 학번은 어떤 의미가 담겨 있는가?'라고 물었다. 어떤 학생은 남자친구와 처음 만난 날을 학번으로 선택했다고 답했다. 이러한 질문을 통해 서로 대화를 나눌 계기를 마련했다.

정이 끝나고 나면 내년 이맘때까지 학번 문제에 대해 단 한 번도 생각해 보지 않을 것이다. 그러한 과정을 한두 해 겪고 나면 아마도 그는 다른 부서로 떠나고 또 다른 누군가가 그 일을 맡아서 할 것이다. 새로 일을 맡게 된 사람은 학번 부여 방식을 정보시스템 담당자에게 물어야 하고, 정보시스템 담당자마저도 바뀌어 잘 모르게 되면 기존의 전산프로그램이 어떻게 설계되어 있는지 살펴보고 그대로 따를 것이다. 일이 현장의 행정 담당자에게서 정보시스템 담당자의 손끝을 통해 거대한 시스템 속으로 빨려 들어가게 된다. 이것은 피할 수 없는 현실이다.

학번에 관련된 행정은 행정 담당자와 정보시스템 담당자와의 협력관계만으로 끝나지 않는다. 또 다른 부서, 또 다른 실무자와 얽혀 있고 그들의 논리에 부합해야 하나의 변화가 일어날 수 있다. 결국 학번 부여 방법을 개선하기 위해서는 결코 쉽지 않은 행정의 구조적 문제를 극복해야 한다. 어렵지 않게 실천될 수 있을 것 같은 작은 혁신의 생각들이 구체적인 행동으로 나타나지 않는 것은 이처럼 쉽게 움직이지 못하는 거대한 행정 구조에 너무 견고하게 묶여 있기 때문이다. 하지만 행정조직의 미세한 작용 원리를 감지할 수 있다면, 그리고 끊임없이 파고들어 작지만 지속적인 혁신 사례들을 만들어낼 수 있다면, 결국 덩치 크고 움직일 줄 모르는 조직을 움직이게 할 수 있다. 물이 단단한 바위를 쪼개듯 작은 혁신들이 그러한 역할을 할 것이기 때문이다.

K 융합대학원 첫 신입생에게는 일일이 전화를 걸어 희망하는 학번을 듣고, 그 번호를 부여해줬다. 기존의 행정환경을 변화시키기 위해 할 수 있는 최선의 선택이었다. 그리고 곧바로 K 융합대학원에서 외부 업체에 외주를 주어 학교의 행정정보시스템과 연동하지 않는 별도의 독립된 학

번 선택 정보시스템을 개발한 후 신입생들이 컴퓨터나 스마트폰 앱을 통해서 힉빈을 선택할 수 있도록 했다. 본인인증과 학번을 선택히는 데 필요한 최소한의 정보만 입력된 학번 선택 프로그램을 통해 학생이 선택한 학번 정보를 받아서 학교시스템으로 가져오는 방식이었다. 이와 같은 전산 프로그램은 기존의 학교 행정정보시스템 운영 방식과 차이가 있었는데, 여기에는 사실 행정정보시스템 개발 및 운영에 대한 방향을 제시하고 싶은 의도도 있었다. 대학의 행정정보시스템은 모든 행정을 하나의 거대한 시스템으로 묶어놓고 데이터를 거미줄처럼 연결해놓는 방식이다. 이렇게 되면 시스템이 너무 무거워질 뿐만 아니라 데이터가 어떻게 연동되었는지 관리자가 인식할 수 있는 범위를 벗어나게 된다. 결국 사람이 시스템을 관리하는 것이 아니라 사람이 시스템에 종속된다. 이런 구조를 탈피하기 위해서는 행정정보시스템을 최소 단위로 나누어 각각의 세부 시스템들이 서로 독립적인 형태로 움직이도록 해야 한다. 그래야 시스템이 유연성을 확보하게 되고, 각 행정 단위들이 독립적으로 발전할 수 있다. 예를 들어 학번 선택 프로그램이 학교의 거대한 행정정보시스템 일부가 아니라 별도의 독립적인 시스템으로 존재하기 때문에 이 프로그램은 계속 발전할 수 있고, 어느 대학이나 활용이 가능한 범용성을 확보하게 된 것이다.

K 융합대학원은 학번 선택 정보시스템을 개발해 그 다음 학기부터 합격자들에게 정보시스템에 접근할 수 있도록 안내했고, 학생들이 시스템에 접속해서 학번을 바로 선택할 수 있도록 했다. 이로 인해 학생들은 합격자를 발표하는 순간 바로 자신이 원하는 학번을 선택할 수 있게 되었다. 입학한 후에야 학교로부터 학번을 부여받았던 기존의 방식에 비해 학번 선택제는 입학 몇 달 전에 학번을 확정할 수 있는 또 하나의 장점이 있다. 이

는 신입생들에게는 상당히 매력적인 요소이고, 대학 간에 치열한 신입생 유치 경쟁을 벌이는 현실을 감안하면 신입생들이 대학을 선택하는 데 중요하게 작용할 것이다. 합격자 발표와 동시에 나에게 의미가 있는 번호를 학번으로 가질 수 있다면, 이는 분명 대학 선택에 있어 적지 않은 영향을 줄 것이기 때문이다.

코드사회와 주민등록번호

어떤 특정한 목적의 편의 때문에 사회조직에 불필요하고 과다한 인위적 질서를 부여하는 것은 경계할 필요가 있다. 그것은 사회조직을 경직시킬 수 있기 때문이다. 그래서 특정 목적을 위한 번호도 그들의 자연스러운 삶을 방해하지 않는 선에서 조심스럽게 쓰여야 한다. K 융합대학원 학생들에게 적용된 일련번호의 해체는 이제 시작 단계일 뿐이다. K 대학교를 비롯한 많은 대학의 학번은 아직도 학과와 일련번호를 유지하고 있다. 학번을 통해 이 모든 체재들을 한 번쯤 다시 생각해보는 계기가 되었으면 한다.

캠퍼스 밖 사회에서의 코드는 어떠할까? 무심히 지나치게 되는 사회의 코드들을 되돌아보자. 그 코드들은 우리의 삶에 어떤 방식으로든 영향을 미치고 있다. 그중에서 가장 강력한 영향력을 발휘하고 있는 코드는 단연코 주민등록번호일 것이다. 지금 당신의 주민등록증을 꺼내 번호를 살펴보라. 그 속에는 당신의 생년월일, 성별, 본적지가 모두 들어있고, 당신이 대한민국에서 살아가는 동안의 모든 정보들이 이 번호 하나로 연결되어 있다. 가히 코드를 가지고 활용할 수 있는 모든 것을 보여주는 코드만능주의의 최고 정점이 아닌가.[3] 이러한 코드사회를 당신은 어떻게 생각하는가? 이러한 결과는 코드만능의 학번에 익숙해진 학생들을 사회로 내보낸 우리의 책임이 아닐까?

---

3. 세계적으로 유례를 찾아보기 어려운 이 강력한 국민 감시 제도는 1962년의 주민등록법 제정을 시작으로 1968년, 이른바 '1 · 21사태'를 계기로 크게 강화하였다. 잘 알다시피 이 제도는 국가가 모든 국민에게 출생과 함께 고유의 번호를 부여해서 관리하는 방식으로 운영된다. 국가는 이 제도를 통해 모든 국민을 완벽히 식별해서 감시할 수 있다. 박정희는 유신 독재를 강행하면서 이 제도를 더욱 강화했다. 오늘날 우리가 당연하게 여기는 13자리의 주민등록번호와 주민등록증 지참 등이 모두 '유신 독재'에 의해 만들어진 것이다. 홍성태,『유신 독재와 주민등록제도』

제3장

사진 한 장, 눈물 한 방울

초등학교 졸업식

2014년 2월 어느 날, 휴가를 내고 둘째 딸의 초등학교 졸업식에 참석했다. 졸업식은 가족이 함께 즐거움을 누리는 기회 중 하나이다. 살면서 그런 즐거운 순간들을 될 수 있는 한 놓치지 않으려 노력해왔다. 그러기 위해서는 직장인과 가장이라는 두 가지 역할 사이에서 삶의 균형을 맞추어나가는 지혜가 필요하다.

기대에 부푼 마음으로 아내와 함께 졸업식이 진행되는 학교 강당으로 발걸음을 옮겼다. 조그만 강당 안은 120여 명의 졸업생과 가족들로 가득했다. 단상 위에는 교장, 교감, 학교운영위원장 등이 자리를 잡았고, 아이들은 단상 아래 의자에 앉아 있었다. 졸업식 첫 순서로 교장 선생님의 인사말씀이 있었는데, 졸업생들은 산만했고 지루하다는 표정이 역력했다. 이어 학교운영위원장이 단상에 올랐다. 그는 이러한 분위기를 의식했는지 학생들에게 교장, 교감 선생님의 이름을 아는지 물어봤지만 학생들은 아무런 대답이 없었다. 학교운영위원장은 학생들이 어떻게 옷어른의 이름도 제대로 모를 수 있는지 한심하다는 표정을 지으며 교장, 교감 선생님의 이름을 다시 소개했다. 하지만 단상 위를 장악한 어른들과 단상 아래의 학생들은 서로 겉돌 뿐이었고, 두 공간 사이는 투명한 유리 벽으로 가로막혀 있는 듯했다. 어른들이 생각하는 높은 분들의 인사말이 그렇게 끝났다. 그리고 졸업생들은 자신의 이름이 불리면 순서대로 줄을 서서 단상에 올라 교장과 악수를 하고 졸업장을 받았다. 졸업생들은 특별한 감정을 느끼지 못하고 그저 기계적인 동작만을 반복하는 것 같았다. 이어서 학생들의 장기자랑 공연이 있었다. 이마저도 졸업생들이나 학부모의 호응을 얻지 못했다. 사회자가 졸업식이 끝났음을 공식적으로 선언하자 진짜 졸업 분위기는 그때부터 시작이었다. 부모들은 자신의 아이들을 찾아 꽃다발을 전해주었고, 여기저기서 사진을 찍느라고 강당 안은 삽시간에 혼잡스러워졌다. 아이들은 그제야 말문이 트이고 얼굴에 웃음을 되찾았다. 다시 어린아이로 돌아온 것이다.

졸업식 행사는 의례적인 절차는 갖추고 있었지만 감동은 없어 보였다. 왜 그럴까? 무대 위에서 진행되는 행사 식순을 되짚어 봤다. 가장 먼저 눈에 띄는 것이 교장의 역할이었다. 교장은 귀빈석의 한가운데에 앉아 졸업식 축사를 하고, 학생들에게 졸업장을 수여했다. 처음부터 끝까지 졸업식의 모든 절차가 교장 중심으로 진행됐다. 졸업식의 주인공은 학생이 아니라 교장인 것처럼 보였다. 설령 교장이 졸업식 전날에 학교에 발령을 받아 왔다고 하더라도 졸업식장에서의 이 역할은 다르지 않았을 것이다. 이것이 우리에게 익숙한 졸업식 풍경이다. 하지만 초등학생들에게서 교장 선생님의 존재는 학교에서 상장을 주는 사람, 아침 조회시간에 방송에서 훈시하는 사람, 학교에서 가장 높은 위치에 있는 사람으로 기억될 뿐이지 직접 가르침을 받는 사제지간의 추억을 공유하는 존재가 아니다.[4] 어른들 위주의 졸업식 프로그램은 여전히 교장 선생님을 중심으로 그의 눈높이에서 행사가 기획될 가능성이 매우 높다. 그리고 이러한 행사에 익숙해진 학생들은 나름대로 그 방식에 적응해 마음은 이미 다른 곳에 가 있고 시큰둥한 표정으로 지켜볼 따름이다. 그것은 아이들의 감성이나 인성이 부족해서가 아니다. 졸업식에서 시큰둥하게 앉아있는 아이들 앞에 아이돌 스타가 나타난다면, 그들은 어른들이 상상할 수도 없는 반응을 보일 것이다.

대학교 입학식

대학교 입학식은 매년 2월 말 또는 3월 초에 실시한다. 역사가 있는 학

---

4. 아이들에게 감동적인 졸업식을 선물하고 싶다면 학교에서 교장의 역할과 기대에 대해서 깊이 성찰해볼 필요가 있다. 교장은 말 그대로 학교의 장이다. 행정의 수장으로 학교를 대표한다. 여기에서 한발 더 나아가 생각해보자. 교장이 반드시 학생들의 스승이어야 하는가 하는 점이다. 우리 사회는 교장에게 스승의 역할, 학교행정의 총책임자로서의 역할을 동시에 기대해왔다. 좀 더 엄격하게 말하자면 이 두 가지 역할에 대해 사회의 고민 자체가 부족했다. 먼저 교장에게서 스승의 역할에 대한 기대를 내려놓으려는 의식적인 노력이 필요하다. 그래야 우리의 내면 깊숙이 자리 잡은 잘못된 인식과 기대로부터 조금이나마 벗어날 수가 있다. 교장을 스승의 관점에서 인식하면 행정가로서의 역할에 대한 기대가 왜곡되고 결과적으로 학교 졸업식 행사를 무미건조하게 만드는 한 원인이 된다. 감동이 있는 졸업식이 되기 위해서는 권위 있는 '학교의 장'보다는 학생들의 진짜 '스승'이 중심에 있어야 한다.

교일수록 입학식이나 졸업식과 같은 큰 행사는 나름대로 정해진 형식이 있어 이를 벗어나기 어렵다. 교무위원 입장, 국민의례, 신입생 선서, 장학 증서 수여, 총장 식사, 교무위원 소개, 교가 제창 그리고 교무위원의 퇴장으로 행사는 종료된다. 행사는 최대한 학문적 권위를 드높인 엄숙한 분위기 속에서 한 시간 정도 진행된다. 이 단순한 의식을 참관하기 위해 6천여 명의 학생들 그리고 그들의 학부모들이 체육관을 입추의 여지 없이 가득 채운다.

2006년부터 2011년까지 입학식 행사를 기획하고 주관하는 업무를 담당했는데, 2006년 처음 치러본 입학식 행사는 관례대로 따랐다. 그 이후 세 차례의 행사도 전년도 행사 시나리오에서 한 치의 오차도 없이 그대로 따랐다. 전통을 더욱 공고하게 다져주는 역할을 한 것이다. 그런데 2010년의 입학식은 달랐다. 전통적인 절차에서 조금이나마 색다른 행사를 기획할 수 있는 여지가 생겼다. 그리하여 2010학년도 입학식에는 전통적인 입학식에다가 축하행사를 가미해보기로 했다. 이러한 학교의 결정은 입학식 행사에 변화가 필요하다는 내부의 목소리가 반영된 결과이지만 사회적인 흐름도 영향을 미쳤다. 당시 각 대학교는 신입생을 확보하기 위해 입학식을 앞당기고 연예인을 동원한 대규모 환영행사를 경쟁적으로 하는 분위기였다. 사회는 이런 호화 입학식에 대해 언론사의 사설 주제가 될 만큼 비판적 시각으로 바라봤다.

각 대학이 이처럼 입학식 행사를 경쟁적으로 치르는 분위기에서 과연 입학식 축하행사를 어떤 방향으로 만들어가야 하는지를 생각해봤다. 결론을 내리는 것은 어렵지 않았다. 학생들이 주인공인 행사로 기획하자. 그러기 위해서는 학생들이 참여해서 스스로 기획하고 만들어가는 축제로 하

자. 이것이 내가 추구한 행사의 기본철학이었다. 다른 학교처럼 연예인을 동원하는 행사는 아예 생각하지 않았다. 그 길로 가고자 했다면 담당자 입장에서는 일이 훨씬 쉬웠을 것이다. 행사기획사에 모든 일을 맡기면 되기 때문이다. 하지만 많은 돈을 들여가면서 입학식 행사를 상업적인 무대로 꾸미는 것은 내가 기획하는 축하행사와는 거리가 있었다. 기성품에 맹목적으로 열광하는 대학생이 되게끔 하는 데 일조할 생각은 추호도 없었기 때문이다. 그러한 대중문화는 대학이 아니더라도 사회에서 얼마든지 즐길 수 있지 않은가?

대학은 학생들이 열정적으로 도전할 기회를 최대한 제공하도록 노력해야 한다. 이 기회의 무대는 강의실에서만 국한되는 것이 아니다. 캠퍼스라는 특별한 공간에서 이루어지는 모든 것이 학생들에게 기회가 될 수 있다. 입학식 축하행사도 그 기회 중의 하나이다. 주어진 것을 그대로 수용하는 것이 아니라 학생들이 주체적으로 무엇인가를 기획하고 만들어 나가는 공부의 장이 될 수 있다. 학생들 스스로 연출하는 축하행사는 상업적 공연과 비교하면 실수도 잦고, 어설프고, 재미도 덜할 수 있다. 하지만 행사에 직접 참여하고 만들어 나가는 과정을 통해 스스로가 더 성장할 기회를 가지게 될 것이다. 그러한 기회는 두 번 다시 얻기 어려운 경험이다.

다행히 새로운 기획안이 받아들여졌다. 6천여 명이 참여하는 큰 행사이든 10명이 참여하는 작은 행사이든 그 행사의 기획 과정에서 가장 큰 영향력을 가지는 존재는 바로 업무 담당자이다. 담당자가 아무런 생각이 없다면 다른 누군가의 지시에 따르는 수동적 존재가 되겠지만, 먼저 생각하고 앞서 길을 제시한다면 조직은 그 생각을 중심으로 방향을 수정 · 보완해 간다. 입학식 축하행사를 상업적 무대로 꾸미겠다는 제안을 했다면 아마도 그러한 방향으로 결정되었을 것이다.

　2010년 2월 26일 오전 10시, 특별한 의미를 담은 입학식이 시작되었다. 체육관은 낯설고 어색한 분위기 속에서 상기된 얼굴의 신입생들과 가족들로 가득했다. 1부 행사는 교무위원 입장, 신입생 선서, 장학금 수여, 총장의 입학식사, 교무위원 소개, 교가 제창 순으로 전통적인 방식으로 입학식 행사가 진행되었다. 그리고 교무위원들이 퇴장하고 무대가 새로 꾸며진 후 전에 없었던 방식의 축하행사가 시작되었다. 먼저 체육관의 대형 스크린을 통해 유명 인사들의 축하 영상으로 분위기를 띄운 후 한 합격생의 입학 스토리를 영상으로 내보냈다. 이 영상은 입학사정관의 협조로 학교 방송동아리 재학생들과 함께 사전에 기획 제작한 것이었다. 한 학생의 고향을 찾아가 그 학생의 부모와 고등학교 선생님 등을 만나 학생에 대한 이런저런 이야기를 나누는 장면이 상영될 때 체육관에 있는 모든 신입생들과 학부모들은 마치 자신의 이야기처럼 빠져들었다. 합격생의 입학 스토리 상영이 끝나고 영상 속의 학생이 무대 위로 초대되었고 총장은 그 학생에게 환영의 꽃다발과 작은 선물로 축하해주었다. 그것은 그 학생만이 아니라 모든 신입생 한 사람 한 사람을 따뜻하게 맞이한다는 상징적인 의식이었다. 이어서 신입생들을 축하하는 행사로 이어졌다. 사회는 재학생 홍보대사들이 맡았고 초청팀은 농악대, 스포츠댄스동아리, 마술동아리, 재즈동아리, 흑인음악동아리 등 모두 대학 동아리였다. 재학생이 후배 신입생들을 환영하기 위해 그동안 갈고닦은 기량을 한껏 뽐내는 무대인 셈이다.

　입학식 행사 담당자로서 재학생들의 무대를 시종일관 조마조마한 마음으로 지켜봤다. 예상대로 행사 흐름은 원활하지 못했고, 공연의 수준도 기대에 미치지 못했다. 공연이 마무리될 때쯤에는 많은 신입생과 학부모가 자리를 뜨는 등 산만한 분위기였다. 전체적으로 상업적 무대에 비해 많이 부족했다. 하지만 이런 행사를 기획한 것에 대해 후회하지는 않는다. 돈을 주고 구경할 만큼의 볼거리는 없었지만 열정과 도전 정신으로 채운 대학생다운 무대이고 행사였다. 체육관을 가득 채운 관객 앞에서 재학생들이 스스로 기획을 하고, 사회를 보고, 무대에 올라 공연을 할 수 있는 경험은 이 자리가 아니면 결코 얻기 힘든 기회이다. 이 단 한 번의 경험이 그들의 인생을 바꿔줄 계기가 될 수도 있을 것이다.[5]

K 융합대학원의 특별한 입학식

2013년 3월 2일, K 융합대학원이 개원하고 첫 입학식이 열렸다. 석사과정과 박사과정을 모두 합해 총 학생이 19명인 작은 입학식이었다. 입학식 때 '특별한' 행사를 하고 싶어서 이런저런 생각을 머릿속에서 담고 지내던 어느 날 불현듯 아이디어가 떠올랐다. 그것은 신입생 앨범을 만들어 입

---

5. 대학은 학생들이 캠퍼스에서 다양한 사회적 경험을 할 기회를 제공할 필요가 있다. 그런 의미에서 정부가 일자리를 많이 만들어내기 위해 대학생이 캠퍼스에서 푸드트럭 창업을 할 수 있도록 적극적으로 지원한다는 아래의 기사 내용을 반성하며 되돌아볼 필요가 있다.
대통령 소속 청년위원회는 '캠퍼스 푸드트럭 프로젝트'를 통해 선발된 푸드트럭 운영자들이 3일부터 건국대와 서강대, 연세대(인천 송도) 캠퍼스에서 치파이, 커피, 츄러스 등을 팔기 시작했다고 밝혔다. 이 프로젝트는 청년들이 '생활 속 창조경제 실현'을 위해 캠퍼스 내에서 푸드트럭을 운영하면서 식품 조리와 판매 등 창업 경험을 쌓고, 실전 창업까지 도전할 수 있도록 민관이 협업해 원스톱으로 지원하는 시범사업이다. 연합뉴스, 2015년 9월 3일 자 기사.

학식 때 학생들에게 선물로 증정하는 것이었다. 이 아이디어는 입학식 행사를 앞두고 내면에 잠재되어 있던 문제의식이 거름이 되어 자라난 생각이었다. 그것은 아마도 학부 입학식 행사를 몇 년간 담당하면서 느낀 생각, 그리고 학부모의 입장에서 우리 아이들의 초·중학교 입학식과 졸업식 행사에서 느꼈던 생각들이 복합적으로 작용했을 것이다. 입학생이 주인공이 되는 행사를 기획해보자. 형식적인 의식보다는 감동이 있는 무대를 만들어보자. 우리 대학원만의 특별한 의미를 담은 의식을 만들어보자. 그리고 기존의 관행을 극복해보자. 입학생 앨범은 이런 고민 끝에 택한 실천 전략이었다.

다행히 합격자 발표 이전에 아이디어가 떠올라서 앨범을 준비할 시간은 충분했다. 생각이 실천의 단계로 넘어가려면 먼저 내부의 의사결정 과정을 거쳐야 한다. 대학원장에게 앨범 제작 계획과 이에 따른 비용을 보고했다. 전례에 없는 시도이고 만만치 않은 비용이었지만 진정일 원장은 이 계획에 전폭적인 지지를 보냈다. 이후의 일은 일사천리로 진행했다. 적지 않은 비용을 들여 사진 촬영 전문가를 섭외해서 이틀간 야외촬영을 부탁했고, 학교 인근의 사진관 한 곳을 예약해두었다. 그리고 입학식 전 신입생 오리엔테이션 때 학생들에게 신입생 앨범 제작에 대한 계획을 알렸다. 대학원 신입생들은 각자 약속된 날짜에 와서 자연스럽게 야외 및 실내 촬영에 응했다.

K 융합대학원은 학문의 융합적 특성으로 인해 신입생들의 출신 대학 및 학부 전공이 다양하다. 그래서 신입생끼리 서로 이름도 모르는 사이가 대부분인데 사진 촬영을 하면서 서로 자연스럽게 인사를 나누는 기회가 되었다. 서로의 야외촬영 모습을 지켜보면서 웃기도 하고, 각자의 스마

트폰으로 캠퍼스를 배경으로 단체 사진도 찍으면서 친해졌다. 이것은 신입생 앨범 제작 과정에서 얻은 작지 않은 소득이었다. 누군가는 자신이 이 대학원에 잘 진학했는지 고민하고 있을지 모른다. 또 다른 누군가는 사교적인 성격이 못되어서 또는 나이 때문에 외톨이로 대학원 생활을 하고 있을지도 모른다. 신입생 앨범 사진 촬영은 그러한 고민과 고독을 극복하게 해주는 하나의 계기가 됐을 것이다.

앨범에 넣을 각자의 각오도 한마디씩 요청했는데 학생들은 자신의 생각을 한두 줄 쓰거나 잘 알려진 글들을 인용해서 보내왔다. 사진을 확보하는 것보다도 이 짧은 글을 받기가 더 어려웠다. 학생들은 자신의 생각을 글로 표현하는 것에 많이 부담스러워했다. 사실 앨범에 각오 한마디를 쓰는 것은 어쩌면 초등학교에서나 해봤을 만한 유치한 일인지 모른다. 하지만 신입생 앨범에는 이러한 유치함이 조금 묻어 있어도 좋지 않을까? 건조한 사회적 관계 속에 점점 웃음을 잃어가고 있는 현실에서 이런 유치함이 한번쯤은 그들을 어린 시절의 마음으로 되돌려 유쾌함을 줄 수 있을 것이고, 새로운 공부를 시작하면서 스스로와의 약속을 다짐하는 계기가 될 수도 있을 것이다.

K 융합대학원의 입학식 날, 그동안 준비해 완성된 신입생 앨범이 무대 단상 위에 놓였다. 신입생은 사회자의 호명에 따라 한 명씩 무대로 올라왔고, 대학원장은 앨범을 직접 증정했다. 증정 순간에 학생의 사진이 스크린에 나타났다. 그리고 대학원장은 축사를 통해 신입생들에게 "이 신입생 앨범은 학교에서 만들어주지만 앞으로의 대학원 생활은 학생들 스스로가 채워나가기 바란다."는 당부를 곁들였다.

K 융합대학원의 첫 입학식 절차는 다음 해와 그 다음 해 입학식에도 그

대로 이어졌다. 두 번째 해에 대학원장이 바뀌었지만 나는 세 번째 입학식까지 사회를 맡았다. 세 번째 입학식이 있는 날에는 한국대학신문 사진팀 팀장이 입학식을 참관했다. 그에게 입학식 행사가 '특별한' 행사로 기억되었는지 한국대학신문에 바로 기사화해주었다. 신입생 앨범을 들고 환한 미소를 짓고 있는 학생들의 사진 한 장이 나에게 큰 선물이 되었다.

한국대학신문

2015년 03월 09일 월요일 002면 종합

KU-KIST융합대학원의 특별한 입학식

새 학기를 맞아 지난 2일 대학들이 일제히 입학식을 갖고 새 식구를 맞은 가운데 고려대 KU-KIST 융합대학원 입학식에서 신입생들에게 특별한 선물이 주어졌다. 신입생 27명의 프로필 사진과 짧은 각오의 글을 담은 신입생 앨범을 제작해 서상희 원장이 개개인에게 직접 전달했다. 동기들과의 소통과 충실한 교육연구활동을 졸업앨범 안에 차곡차곡 채워나가길 당부하며 제작했다는 게 융합대학원 측 설명이다.

한명섭 기자 news@unn.net

특별한 학위수여 축하행사

2015년 2월 25일, 학위수여식이 있었다. K 융합대학원도 처음으로 학위수여자가 배출되어 학위수여식에 동참할 수 있게 되었다. 2013학년도에 입학한 학생 중 9명이 석사학위를 받은 것이다. 신설 대학원의 입장에서는 이 행사 또한 처음 맞이하는 행사이면서 K 융합대학원의 학사 관련 행사의 마지막 정점이라고 할 수 있었다. 새 술은 새 부대에 담아야 한다는 말처럼 이 마지막 행사도 기존의 관행을 무작정 답습하기보다는 새로운 관점에서 행사의 절차와 의미를 찾고자 했다.

먼저 전체 졸업생을 대상으로 실시하는 학교의 학위수여식과 단과대학별 자체 행사를 구분해 생각해봤다. 학교는 오전에 전체 졸업생을 대상으로 학위수여식을 진행한다. 그리고 일부 단과대학은 전체 행사 이외에 자체적으로 별도의 행사를 진행하기도 한다. 전체 학위수여식의 경우 대상자가 너무 많아 졸업생 개인별로 학위를 수여할 수 없지만 단과대학별로 학위수여식을 하면 지도교수와 졸업생, 학부모들이 한 장소에 모여 졸업생 각자에게 학위증을 줄 수 있는 장점이 있기 때문이다. 그런데 문제는 단과대학별로 학위수여식을 하게 되면 오전의 전체 학위수여식에서의 절차를 반복하게 된다는 데 있다. 학위증에는 학생이 소속한 단과대학 학장 직인과 함께 최종적으로 총장의 직인이 찍혀 있다. 즉 학위증의 수여 주체는 총장이다. 전체 학위수여식에서는 총장이 모든 졸업생에게 일일이 학위증을 수여할 수 없어 학위별, 소속별로 대표자에게만 학위증을 수여한다. 그런데 단과대학별로 학위수여식을 한다면 전체 행사에서 수여한 학위를 회수해서 다시 줘야 한다. 이처럼 단과대학별 행사가 학교 차원의 전체 행사를 그대로 반복하게 되면 단과대학별 행사의 취지뿐만 아니라 전체 행사의 권위와 위상이 약화된다. 그리고 전체 학위수여식의 참여율을 떨어뜨리는 직접적 원인이 되기도 한다.

학위수여식 행사를 기획할 때 이러한 점을 우선으로 고려했다. 그래서 행사의 목적을 학위 수여가 아니라 학위를 수여받은 학생과 그들의 학부모를 축하해주는 것으로 정했다. 물론 의사결정 과정은 실무자로서 먼저 제안하고 원장이 이를 받아들이는 형식으로 확정되었다. 전체 행사에서 학위를 받고, 단과대학별 행사에서는 이를 축하해주는 방식으로 진행된다면 두 행사가 자연스럽게 하나의 행사처럼 연결되어 보완적 관계로 공존할 수 있게 된다. 만약 행사의 목적을 생각해보지 않고 다른 단과대학의 행사를 그대로 따랐다면 아마도 기존의 행사들을 그대로 답습했을 것이고, 학교 차원의 학위수여식과 목적이 중첩되는 현상은 피하지 못했을 것이다. 이 선택의 순간이 일련의 행정이 진행되는 과정 중에 선택 설계자로서의 중요한 역할이 요구되는 지점 중의 하나라고 할 수 있다.

행사의 목적이 다르면 행사의 내용이 달라진다. 학위수여식을 한 달여 남겨둔 시점에서 학위수여 대상 학생 9명을 모두 불러 먼저 그들의 의견을 들었다. "우리 대학원에서 학생들의 학위 취득을 축하하는 행사를 하고자 하는데 어떻게 하면 좋을까?"라는 질문에 학생들은 대답하지 못했다. 그래서 역으로 몇 가지를 제안을 했다. 학교 인근의 호텔에서 학생들의 가족도 함께 초청해서 축하행사를 하는 것은? 학생과 학부모, 지도교수가 한 테이블에 앉아 식사를 하면서 축하연을 가지는 것은? 학생들은 새로운 의견을 내놓는 것에는 소극적이었지만 앞서 제안한 의견에 대해서는 반대 입장을 분명히 했다. 학생들은 절대 그래서는 안 된다고 손사래를 치면서 호텔에서 축하행사를 하자는 제안을 이구동성으로 반대했다. 등록금 전액과 연수장려금까지 지원을 받은 학생들의 이러한 반응에 조금 충격을 받았다. 더구나 학생들은 적극적인 행사기획 의견보다는 이러이러한 것들은 하지 않았으면 좋겠다는 수동적인 의견만을 제시했다. 행사를 하더라도 자신들이 마이크 앞에서 얘기하게 되는 상황을 만들지 말아 달라는 등의 내용이었다. 어쩔 수 없이 행사에는 참여하겠지만 앉아서 구경만 하겠다는 자세였다. 이미 여러번 경험했던 졸업식 행사가 아마도 학생들의 이러한 소극적인 반응에 영향을 미쳤을 것이다.

처음에는 기획에서부터 학생들이 주도적인 역할을 하고, 그들 스스로가 주인공인 행사가 되도록 할 생각이었으나 약간의 수정이 불가피했다. 학생이 주인공이 되게끔 하는 학위수여 축하행사를 담당자로서 기획해보자. 그리고 학위수여식에서 별다른 기대를 하지 않는 이 학생들에게 감동을 선물해보자. 이들의 가슴이 따뜻해지고 눈가에 이슬이 맺히게 하는 것, 그것을 목표로 행사를 기획하였다.

목표를 이루기 위한 학위 취득 축하행사의 주요 포인트는 두 가지였다. 하나는 개인별 졸업앨범을 만들어주는 것이었고, 다른 하나는 졸업생이 주인공이라는 느낌을 받을 수 있도록 행사를 진행하는 것이었다. 개인별 졸업앨범은 신입생 앨범을 만들어줄 때부터 기획한 것이었다. 학생들이 "이 신입생 앨범은 학교에서 만들어주지만 앞으로의 대학원 생활은 학생들 스스로가 채워나가길 바란다."는 대학원장의 말을 기억하고 실천했다면 사실 개인별 졸업앨범은 스스로 만들었어야 했다. 하지만 그로부터 2년이 지나 석사학위를 받는 시점까지 아무도 이를 실천한 학생은 없었다. 어쩌면 그것은 나 혼자만의 약속이었을 것이다. 그 약속을 지키기 위해 학생들의 중요한 순간들을 최대한 사진으로 모두 남겨두었다. 이러한 기록 활동은 대학원이 학생들을 위해 좀 더 다양한 행사들을 기획해서 추진하게끔 하는 긍정적 효과도 있었다. 학생 심포지엄을 개최하고, 학생들과 함께 학교 농장으로 야유회도 가고, 대학원에서 재정 지원을 해서 학생회 자체적으로 학술모임이나 세미나를 개최하도록 하는 등 대학원 차원에서 다양한 활동을 하였고, 이를 기록하고 사진으로 남겼다.

개인별 졸업앨범 제작을 위해 대학원에서 가지고 있는 사진들을 9명의 졸업생별로 선별했다. 그리고 각자에게 앨범에 들어갈 개인 사진을 보내달라고 요청했다. 학생들은 실험실에서의 사진, 어린 시절의 사진, 친구들과 여행을 갔던 사진, 가족과 함께한 사진 등 자신에게 의미 있는 다양한 사진을 보내주었다. 그리고 신입생 앨범을 만들 때와 마찬가지로 사진관을 미리 지정하였고, 학생들은 지정 사진관에 가서 학위복 차림으로 사진을 찍었다. 또한 동기생들에게는 졸업생 한 명 한 명에게 하고 싶은 축하 메시지, 즉 롤링 페이퍼를 써 달라고 했다. 이렇게 준비된 자료(대학원에서 가지고 있는 사진, 사진관에서 촬영한 사진, 학생이 준 사진, 롤링 페이퍼 등)를 모아 대학원에서 1차 편집 과정을 거친 후 외부 업체에 의뢰했다. 이렇게 해서 세상에 단 하나뿐인 개인별 졸업앨범 9권이 탄생했다. 학생들에게 줄 수 있는 마지막 선물이 준비된 것이다.

축하행사의 두 번째 주요 포인트는 졸업생이 주인공이 되게끔 하는 것이었다. 우선 무대의 배치부터 바꿨다. 무대 한가운데에 당연히 자리 잡고 있던 강연대를 없애고, 그 자리에 스탠드 마이크를 두었다. 뭔가 무겁고 권위적인 느낌의 강연대 대신 스탠드 마이크를 통해 수평적인 소통을 강조하고 싶었다. 그 다음은 복장이었다. 학위복은 졸업생들과 대학원장만 입고 지도교수를 포함한 다른 교수들은 평상복을 입고 오도록 요청했다. 행사의 주인공이 돋보이게 하려는 전략이었다.

드디어 K 융합대학원의 첫 번째 졸업 축하행사가 시작되었다. 먼저 대학원장의 축사로 시작해서 졸업앨범 증정 및 답사로 이어졌다. 나는 사회를 보면서 순서대로 한 명의 졸업생을 무대 위로 올라오도록 했다. 대학원장은 학생에게 졸업앨범을 증정한 후 내려가고, 학생은 앨범을 들고 스탠드 마이크 앞에 홀로 섰다. 무대 뒤쪽의 대형 스크린에는 학생의 영상이 배경으로 비쳤다. 사회자로서 무대 위 주인공에게 소감 한마디를 해달라고 부탁했다. 이 인사말 시간은 학생들과 사전에 협의한 것이 아니었고, 나 혼자만의 시나리오였다. 나는 학생들이 졸업 축하행사에서 말을 시키지 말아 달라는 부탁을 잊지 않고 있었다. 그래서 최대한 자연스러운 현장 분위기 속에서 자신의 감정을 솔직하게 드러낼 수 있는 즉흥적인 자리를 마련해보고자 했다.

아무리 마음의 문을 닫아두었다 하더라도 이 분위기에서 어떻게 졸업의 벅찬 감정을 억누르고만 있을 수 있겠는가? 예상대로 학생들은 졸업 축하행사 현장에서 자신의 솔직한 감정을 그대로 표현했다. 사전에 준비된 것이 아니어서 훨씬 편안하고 인간적이고 아름다운 소감이었다. 학생들은 교수님, 부모님, 동기생들에게 감사를 표했다. 때로는 교수님이나 부모님을 무대로 올라오도록 해서 자연스럽게 기념 촬영도 했다. 이만하면 졸업식 행사에서 졸업생에게 감동을 선물하고 싶었던 작전은 나름대로 성공적이라고 할 수 있지 않을까? 어떤 학생은 소감을 말하는 도중에 목이 메어 눈물을 흘리기도 했다. 그 학생의 눈물 한 방울이 나에겐 뜻깊은 선물이었다.

제4장

창조적 리베로

전문화는 증가하는 복잡성 및 집중화와 나란히 진행된다. 기술사회에서 인간을 위시한 모든 것은 확장되는 사회 메커니즘의 부품으로 전락한다. 사회 전체의 기능이 더욱 복잡해지고 집중화되면서 각 개인의 기능은 더욱 세분화되고 한정되며, 이들의 생존은 시스템 안의 다른 기능에 더욱 의존적이 된다.

생물학자들에 의하면 지나친 전문화는 종의 멸종에 가장 중요한 역할을 한다고 한다. 어떤 종이 특정한 생태계 내에서 지나치게 전문화되면 환경변화에 적응하지 못한다. 즉 전환에 대비할 수 있는 융통성과 다양성을 갖추지 못하는 것이다. 인간 사회도 마찬가지이다. 오늘날 우리는 지나치게 전문화되고 또 기존의 에너지 환경에 너무 익숙해져서 근본적으로 다른 에너지 환경으로 옮겨가는 데 필요한 융통성을 대부분 잃어버렸다.

제러미 리프킨, 『엔트로피(Entropy)』, 세종연구원, pp. 129~131.

업무 영역

Y 과장은 미래전략팀에서 근무한다. 이 팀은 신설 부서로, 업무는 말 그대로 학교의 미래 전략을 구상하는 일이다. 하지만 팀의 정체성에 대해 구성원들의 우려가 크다. 우선은 그동안 학교 행정조직의 기획 역할을 수행해온 최상위 부서인 기획처와의 업무 관계가 문제이다. 기존에는 학교 발전의 미래 전략은 당연히 기획처에서 수행해야 하는 것으로 알고 있었다. 하지만 새로운 담당 부서가 생긴 이후 기획처의 업무는 제한을 받을 수밖에 없는 데다가 미래전략팀과 기획처 간의 업무 경계를 서로 명확하게 가늠하기가 현실적으로 매우 어렵다. 눈에 보이고 손에 잡히는 실전 행정이라면 분업이 좀 더 용이하겠지만, 기획은 대개가 머릿속에서 벌어지는 무형의 작업이다. 실체가 없는 머릿속의 생각들을 이것과 저것으로 구분하여 경계를 짓는 것은 불가능에 가깝다. 비록 인위적인 구분이 가능하다고 하더라도 조직의 최상위 기획 기능을 '분담'하는 것은 바람직하지 않다. 전문화된 관료조직의 최상위 부서는 모든 업무를 통합해서 전체를 조망하고 전략을 구상해야 하기 때문이다. 미래전략팀과 기획처가 기획 기능을 수평적으로 나누거나 상하 관계로 정립하는 것도 현실적으로 쉬운 일은 아니다. 기획 기능의 역할 분담, 이것이 Y 과장이 실무자로서 느끼는 첫 번째 고민이다.

Y 과장이 미래전략팀에서 느끼는 또 다른 고민은 조직의 '기획'과 '실천'과의 관계이다. 기획은 실천 현장을 바탕에 둔 상상력의 힘이다. 미래전략팀은 실천이 빠진 기획을 전담하는 부서이다. 전체 조직을 기능적으로 기획하는 부서와 실행하는 부서로 나누어 운영하는 것은 일반적인 조

직 관리의 한 방법이다. 하지만 조직의 기획 기능을 담당하는 부서와 실천 기능을 담당하는 부서 간에 유기적인 관계를 형성하는 것은 매우 어려운 일이다. 행정조직은 인간처럼 머리와 팔다리가 정교한 신경망으로 연결되어 있지 않다. 겨우 인위적인 몇 가지의 연결체계를 가지고 있을 뿐이다. 그래서 행정조직은 초보적인 수준의 로봇일 수밖에 없다. 그러나 우리는 행정조직을 마치 온전한 유기적 생물체인 것처럼 여기고, 그렇게 움직여줄 것이라고 종종 착각한다. 미래전략팀이 실천조직과 어떻게 신경망을 유기적으로 형성할 것인지가 Y 과장의 두 번째 고민이다. 고민이 깊어질수록 신영복 교수의 '한 발 걸음'에 대한 통찰이 Y 과장에게 새삼 의미 있게 다가왔다.

우리 방에서 가장 빨리 달리는 20대의 청년과 가장 느린 50대의 노년이 경주를 하였습니다. 토끼와 거북이의 우화를 실연해본 놀이가 아니라 청년은 한 발로 뛰고 노년은 두 발로 뛰는 일견 공평한 경주였습니다. 결과는 예상을 뒤엎고 50대 노년이 거뜬히 이겼습니다. 한 발과 두 발의 엄청난 차이를 실감케 해준 한판 승부였습니다. 우김질 끝에 장난삼아 해본 경주라 망정이지 정말 다리가 하나뿐인 불구자의 패배였다면 그 침통함이란 이루 형언키 어려웠을 것입니다.

그런데 징역살이에서 느끼는 불행 중의 하나가 바로 이 한 발걸음이라는 외로운 보행입니다. 실천과 인식이라는 두 개의 다리 중에서 '실천의 다리'가 없기 때문입니다. 사람은 실천활동을 통하여 외계의 사물과 접촉함으로써 인식을 가지게 되며 이를 다시 실천에 적용하는 과정에서 그 진실성이 검증되는 것입니다. 실천은 인식의 원천인 동시에 그 진리성의 규준이라 합니다. 이처럼 '실천 → 인식 → 재실천 → 재인식'의 과정이 반복되어 실천의 발전과 더불어 인식도 감성적 인식에서 이성적 인식으로 발전해갑니다. 그러므로 이 실천이 없다는 사실은 거의 결정적인 의미를 띱니다. 그것은 곧 인식의 좌절, 사고의 정지를 의미합니다. 흐르지 않는 물이 썩고, 발전하지 못하는 생각이 녹슬 수밖에 없는 이치입니다. (중략) 징역 속에 주저앉아 있는 사람들이 맨 처음 시작하는 일이 책을 읽는 일입니다. 그러나 독서는 실천이 아니며 독서는 다리가 되어주지 않았습니다. 그것은 역시 한 발 걸음이었습니다. 더구나 독서가 우리를 피곤하게 하는 까닭은 그것이 한 발 걸음이라 더디다는 데에 있다기보다는 '인식 → 인식 → 인식……'의 과정을 되풀이하는 동안 앞으로 나아가기는커녕 현실의 튼튼한 땅을 잃고 공중으로 지극히 관념화해 간다는 사실입니다.

신영복, 『감옥으로부터의 사색』, 돌베개, pp. 277~280.

Y 과장은 이처럼 정체성이 모호한 미래전략팀에서 업무 성격이 모호한 일을 하나 맡아서 추진하고 있다. 그것은 학연교수제도를 운영하는 것이다. 학연교수란 '대학과 연구기관의 합의에 의하여 양 기관 모두에서 교육 및 연구활동을 수행할 수 있도록 인정한 사람'을 말하는데, 「산업교육진흥 및 산학연협력촉진에 관한 법률」에 2012년 1월 26일 자로 근거 조항이 마련된 제도이다. 이 제도에 따르면, 대학 교원은 원소속 기관장과 연구기관의 장의 승인을 받아 원래의 소속과 직위를 그대로 유지한 채로 해당 연구기관의 학연교수가 될 수 있다. 또 연구기관 소속 연구원은 원소속 기관장과 대학의 장의 승인을 받아 원래의 소속과 직위를 그대로 유지한 채로 해당 대학의 학연교수가 될 수 있다.

이처럼 학연교수제도는 기존의 교수를 임용하는 방식과는 사뭇 다르다. 교수로 임용되는 대상 자체도 다르고, 선발 방식, 책임과 권한, 처우 문제

등 모든 정책을 다시 살펴봐야 한다. 그리고 학연교수제도로 인해 새로 고민해야 하는 일들은 어느 특정 부서에서 전담하고 있는 업무 범위 내에만 속해 있지 않다. 이 학연교수제도를 행정적으로 '모호한 일'이라 한 것은 이 일이 기존의 행정 부서에서는 다루지 않았던 새로운 일이고, 어느 부서에서 어떻게 관리되어야 하는지 정의되지 않았기 때문이다. 이 일은 기존의 어느 조직에도 속해 있지 않은 일일 수도 있고, 서로 공유되는 지점에 걸쳐있는 일일 수도 있다. 업무의 영역을 수학의 집합으로 나타낸다면 학연교수제도는 인사관리를 담당하는 교원인사팀의 일이기도 하고, 이 제도를 활용하고자 하는 미래전략팀의 일이기도 한 교집합의 영역에 자리 잡고 있을 것이다. 아니면 교원인사팀이나 미래전략팀의 일이 아닌 제3지대의 일로 새로운 담당 부서가 필요한 일인지도 모른다.

행정조직의 능력은 이런 모호한 일을 다루는 솜씨에 달려있다. 능력 있는 조직은 모호한 일을 창조적 영역으로 받아들이고, 빠른 시일 내에 그 일을 조직 내부의 일로 흡수할 것이다. 그들은 교집합 속에 떨어진 새로운 업무를 협력해서 해결하고자 하는 능동적 자세와 다양한 경험을 가지고 있다. 하지만 모호한 일이 귀찮은 일로 간주되어 서로가 모른 척하고 회피하게 되는 것이 더 일반적이다. 이러한 조직에서는 교집합 속에 떨어진 새로운 일이 사라져버리는 현상이 일어나 교집합이 공(空)집합으로 인식된다.

학연교수 관련 업무는 교집합에 속해 있어 그 영역이 모호한 일이다. Y 과장은 이 모호한 일이 창조적 영역의 교집합이 아니라 점차 공집합 속으로 빠져드는 느낌을 받았다. 교집합의 한 영역을 주관하는 교원인사팀이 학연교수제도에 대해 시종일관 소극적인 전략으로 임하고 있다고 생각했기 때문이다. 그들은 학연교수제도는 정부가 만든 규정으로 학칙 어디에도 존재하지 않는 제도이고, 학칙에 반영하고 제도를 활용하는 것은 그 제도가 필요한 구성원이나 부서에서 해야 한다는 것이 기본적인 생각인 듯했다.

반면 미래전략팀은 학연교수제도를 적극적으로 활용하고자 했다. 대학과 연구소의 상생모델로서 대학사회에 새로운 돌파구를 찾고자 했던 기획 의도와 맞았기 때문이다. 그래서 학연교수제도를 정부에서 법제화한 이후 학교의 교원인사 규정에 반영하고 선발하는 과정까지 미래전략팀이 관여하게 되었고, 임명식을 하는 날까지도 미래전략팀이 주관 부서의 임무를 수행해야 했다. 학연교수제도에 대한 미래전략팀과 교원인사팀의 입장은 이처럼 확연히 달랐다. 미래전략팀은 이 제도를 도입해 활용하는 데 적극적이었던 반면 교원인사팀은 소극적이었고, 이 제도 자체를 귀찮아했다. 그래서 교원인사팀은 이 일에 대해 한발 물러서 있으면서 최소한으로 대응했다.

두 부서의 이러한 관계는 행정적 관점에서 점검해봐야 할 여지가 많다. 교원인사팀은 미래전략팀의 입장과 달리 규정과 관례에 따라 안정적으로 학연교수제도에 대응해왔다고 할 수 있다. 이 입장도 충분히 이해가 된다. 하지만 교원인사팀이 학연교수제도를 교집합의 창조적 영역으로 인식하고 대처했다면 아마도 기존의 행정적 대응 방식과 다른 길을 걸었을 것이고, 그 결과도 달랐을 것이다. 과거의 관행과 고정관념은 우리의 행동과 생각을 가두어버리고 현실은 항상 실현된 것만 남는다. 창조적 사고는 실천하기 힘들고, 실현되지 않는 그 결과는 현실에 존재할 수 없는 것처럼 보인다. 창조적 결과가 없으니 지금의 행정적 결과와 비교할 대상이 없다.

Y 과장은 지금 부서 간에 장벽이 존재하고 다른 부서와 협력하지 않는 사일로 효과, 즉 부서 이기주의를 우려하고 있다.

행사 준비의 과정

2012년 7월, 총장과 정부출연연구기관인 K 출연(연) 원장이 참석하는 학연교수 임명식 및 오찬이 있었는데 Y 과장은 이 행사를 주관했다. 비서실에서 관련 부처인 교원인사팀과 미래전략팀에 날짜를 통보해주고 행사를 준비하도록 했는데, 양 부서가 치킨게임을 벌여 미래전략팀이 진 것이다.

Y 과장은 먼저 총무팀 A에게 공간사용신청서를 제출했다. 그런데 A는 행사 장소인 스카이홀은 총장이 참석하는 회의 시에만 오찬장으로 쓸 수 있게 되어 있는데, 비서실로부터 통보를 받아야 무상으로 사용허가를 내줄 수 있다고 한다. 그러니 총장비서실에서 자신에게 통보 전화가 오게 해달라고 요청했다. Y 과장은 A가 부탁한 대로 비서실에서 A에게 전화를 해주도록 했다.

Y 과장은 행사를 며칠 앞두고 행사장인 스카이홀에 가 봤다. 임명식과 오찬을 위한 단상과 테이블 배치, 현수막 설치 등을 어떻게 해야 하는지 확인해보기 위해서이다. 12층에 위치한 스카이홀은 사방이 유리창으로 되어 있어 전망이 시원하다. 하지만 행사가 없는 날에는 아무것도 없는 공간이기 때문에 이곳에서 행사를 처음 치르는 Y 과장은 단상과 테이블을 어떻게 배치해야 할지 난감했다. 나름대로 최선이라고 생각하는 위치에 단상 위치를 정하고 사무실로 돌아와 이 배치 기준을 바탕으로 행사 준비를

했다. 하지만 Y 과장은 행사 전날 우연히 행사 경험이 많은 총무팀의 B를 만나 얘기를 나누던 중에 자신이 구상한 행사장 배치 기준이 현실과 너무 동떨어진 생각이라는 것을 알게 되었다. B는 스카이홀에서 총장이 참석하는 행사를 여러 번 치러봤는데 Y 과장 구상처럼 배치하는 것은 문제가 있다는 것이다. Y 과장은 급히 단상의 위치를 다시 정하고, 외식업체에 전화해서 오찬 테이블을 재배치하도록 수정사항을 전달했다.

Y 과장은 내친김에 행사 준비 과정에서 애매한 것들에 대해 B에게 조언을 구했다. 외부 기관이 동등한 자격으로 참여하는 행사이므로 의전 문제가 가장 많이 신경이 쓰였다. 현수막에 들어가는 양 기관의 로고는 어느 곳을 우선해야 하는가? Y 과장은 학교에서 치르는 행사이므로 초청을 받은 기관의 로고를 우선해야 한다고 생각했고, 현수막도 그렇게 만들어진 것을 걸었다. 하지만 B는 어떤 경우에도 우리 대학의 로고가 우선이고, 상대 기관을 다음에 두는 것이 그동안의 행사 관행이었다고 한다. Y 과장은 행사 전날 저녁에 급히 현수막 업체에 전화해서 로고의 순서를 바꾸어 다시 제작해 현수막을 걸도록 했다. 현수막 비용을 추가로 지불해야 하는 손실은 어쩔 수 없었다. Y 과장은 B에게 귀빈석의 좌석 배치 방법에 대해서도 자문했다. Y 과장이 생각한 최초의 안은 귀빈석에 8개 좌석을 배치하고 총장과 상대 기관장의 위치에 대해서는 별다른 생각이 없었다. 하지만 B는 좌석을 6개만 배치하는 것이 좋고, 총장의 자리는 항상 단상에서 봤을 때 왼쪽에 위치하도록 했었다고 한다. Y 과장은 기존에 그려놨던 배치표를 수정했다. 단상의 국기를 어디에 놓아야 하고, 사회자 단상은 어느 위치가 적당한지도 그에게 물어서 그대로 따랐다. 만일 Y 과장 생각대로 단상과 테이블을 배치하고, 현수막 로고 위치가 뒤바뀌어 있었다면 뒷말

없이 행사를 치러낼 수 있었을까? Y 과장은 늦게나마 B에게 자문한 것을 천만다행으로 여기고 가슴을 쓸어내렸다.

이 외에도 Y 과장이 행사를 치르는 데 총무팀의 도움은 절대적이었다. 행사 비품을 담당하는 C에게서 행사에 필요한 단상, 마이크, 안내 테이블, 태극기 등의 지원을 받았다. 그리고 차량을 담당하는 D에게서는 외부 참석자들의 차량이 교내에 진입하고 주차가 가능하도록 협조를 받았다. 이러한 모든 협조사항은 Y 과장이 각각 전자문서로 요청했다. 그리고 Y 과장은 총무팀에 협조를 요청하는 단계마다 총무팀의 각 담당자에게 개별적으로 행사의 성격을 설명했다. 총무팀 담당자들은 서로 간에 이 행사에 대한 정보를 전혀 공유하지 않았기 때문이다.

효율적 행정시스템인가?

결과적으로 보면 총무팀의 도움으로 행사는 무난히 잘 치러진 것으로 보인다. 하지만 이 행정 절차에는 뭔가 매끄럽지 못한 부분이 있다. 총장이 참석하는 행사인데 총무팀은 왜 주관 부서의 신청서와 비서실의 전화 요청을 동시에 받아야 했을까? 여기에는 세 가지의 행정적인 문제가 있다. 첫째, 총장비서실과 총무팀이 직접 처리해도 될 일을 주관 부서를 중간에 두고 연결해야 하는 소통의 문제이다. 둘째, 주관 부서에서 신청서에 기재했음에도 총장비서실로부터 재차 확인을 받아야 하는 정도로 위축된 재량권에 관한 문제이다. 셋째, 행사를 주관하는 부서의 요구에 의해서만 움직이는 지원 부서의 수동적인 행정 작용 방식에 대한 문제이다. 이 세

가지 문제는 이후의 행정 절차에서도 계속 반복되었다. 행정의 조그마한 문제는 눈에 잘 보이지 않고 쉽게 잊힌다. 하지만 행정의 조그마한 문제로 인한 작은 불편을 대수롭지 않게 지나치면 행정 감각을 잃어버리게 되고, 조직이 큰 병에 걸려도 느끼지 못한다.

어느 관점에서 보면 총무팀의 업무는 잘 배분되어 있고 조직화도 잘 되어 있다. 학교의 각종 행사를 지원하는 부서로서 내부 구성원들을 행사 비품, 차량, 공간 담당자 등으로 업무를 분장한 것은 타당한 것 같다. 총무팀의 업무 분장에 따라 Y 과장은 행사장 사용 신청은 A에게, 비품 지원은 C에게, 외부 차량의 진입 허용 협조는 D에게 별도의 공문을 따로따로 발송하여 협조를 얻었다. 그리고 행사 의전에 관해서는 B에게 조언을 구했다. 하나의 행사를 위해 Y 과장이 상대한 총무팀의 직원은 4명이었고, 그들은 매우 우호적으로 협조를 잘 해주었다. Y 과장은 그들과 개인별로 좋은 친분을 유지하고 있고, 공식적인 공문을 보내 요청한 것이 아니더라도 전화 한 통이면 언제든 그를 도와주었을 것이다. 여기서 문제는 Y 과장과 총무팀 담당자 간의 개인적 친분 문제가 아니라 행정시스템이 작동하는 방식에 관한 것이다.

Y 과장은 총무팀의 각 구성원과 우호적 관계이고, 잘 분업화된 총무팀의 시스템 지원을 받았으면서도 왜 행사를 '다행히' 잘 마쳤다고 안도의 한숨을 쉬어야 하는가? Y 과장은 이 원인을 행정 구조의 문제라고 생각했다. 학연교수 임명식 행사는 '미래전략팀=주관 부서, 총무팀=협조 부서'라는 행정적 구조를 전제로 하고 있다. 이 구조는 매우 일반적이기 때문에 전혀 문제가 없어 보인다. 하지만 이 전제는 과연 의심의 여지가 없이 바람직한 것인가? 그리고 항상 최상을 결과를 내는가?

'미래전략팀 = 주관 부서, 총무팀 = 협조 부서'의 관계에서 Y 과장의 입장은 어땠을까? A는 행사장을 예약하는 선에서만 도움을 주었고, C는 Y과장이 요청하는 비품 지원에 한해서만 충실히 지원해주었다. 또 D는 의전 대상이 누구이든지 Y 과장이 요청하는 차량에 대해서만 엄격하게 허용하였다. B는 Y 과장에게 의전에 대한 도움을 주었지만, 그것은 Y 과장이 개인적 친분에 의해 우연히 물어서 알게 된 내용이지, 총무팀에서 반드시 자문해주어야 할 의무가 있었던 것은 아니었다.

이 관계는 총무팀 담당자들이 Y 과장에게 '도움'을 준 관계처럼 보이지만, 다른 관점에서 보면 총무팀 담당자들이 Y 과장의 '지시'에 따르는 관계라고 볼 수도 있다. Y 과장의 지시에 따르는 대상이 Y 과장과 같은 부서의 직원이 아니고 타부서이기에 '지시'가 공문을 통한 '협조'처럼 보였을 뿐이다. 이 협조 부서라는 보호벽은 행사를 주관한다는 책임의식으로부터 살짝 벗어나 남의 일이라고 생각하게끔 한다.

역할 관계를 떠나서 조직 역량만을 놓고 보면 총무팀은 행사 경험이 풍부한 집단이다. 따라서 총무팀이 어떤 행사를 주관한다면 미래전략팀보다 더 나은 결과물을 만들어낼 가능성이 크다. 하지만 총무팀이 협조 부서의 입장에서 행사 과정에 참여한다면 그 성과는 주관 부서인 미래전략팀의 행정 능력만큼만 나타날 것이다. Y 과장은 행사 준비를 아무리 잘해도 총무팀보다 훌륭하게 행사를 치를 수 없음을 알고 있다. 그래서 어떻게 해서든 총무팀의 도움을 받으려고 했지만 협조 부서 관계 이상의 도움은 받을 수 없었다. 이것은 미래전략팀이나 총무팀 소속 직원들 개인의 역량 문제가 아니라 행정조직 자체의 역량 문제이다. 개개인의 행정 역량이 같다고 하더라도 행정조직의 역량에 따라 나타나는 결과는 천지 차이다.

가치와 관점을 다시 생각하기

행정 역량을 최대화할 수 있는 행정 구조는 어떠한 모습이어야 하는가? 궁극적인 해답은 가장 좋은 성과를 낼 수 있는 부서가 주관 부서가 되어 행사를 준비하는 것이다. 그러기 위해서는 주관 부서와 협조 부서의 개념이 재정립되어야 한다. 행정 구조의 개선이 없이 개인 역량이나 행정서비스 자세 등으로 문제를 해결하고자 하는 것은 근본적 개선책이 되지 않을 뿐더러 행정 구조를 더 왜곡시킨다. 미래전략팀이 행사를 주관하는 능력이 현저히 떨어진다고 판단되어 팀원들에게 행사를 주관하는 교육을 강화한다고 해보자. 이 논리를 확대하면 다른 모든 팀의 직원들도 행사를 주관하는 교육을 받아야 한다는 결론이 나온다. 또 행사에 관한 것뿐만 아니라 모든 직원이 물품 관리, 재무, 소방 교육 등 여러 방면에서 전담 부서 직원만큼의 역량을 갖추고 있어야 한다. 즉 모든 행정 분야에서 만능이 되어야 하는 것이다. 하지만 거시적인 행정 구조로 다시 돌아가 보면, 행정인 한 사람 한 사람 모두가 만능이 되는 것은 불가능할뿐더러 비효율적이다. 학교 행정조직은 어느 한 사람이 모든 일을 할 수 있을 만큼 작은 조직이 아니다. 구성원 각자가 자신의 전문 분야를 바탕으로 협력해야 하는 조직이다.

하나의 일을 협업할 때 일을 분담하는 것은 관점에 따라 여러 가지 방법이 있을 수 있다. 행사 준비를 미래전략팀이 주관할 것인지 아니면 총무팀이 주관할 것인지도 행정조직 전체 차원에서 충분히 선택 가능한 방법 중 하나이다. 총무팀이 행사의 주관 부서가 되어야 한다고 하면, 총무팀 입장에서는 반론을 제기할 수 있다. 총무팀이 제기할 수 있는 반론의 근거는 두 가지이다. 첫째는 총무팀이 다른 부서의 행사 성격을 잘 알지 못한다는 것, 둘째는 모든 부서의 행사를 총무팀이 주관한다면 일이 감당할 수 없을 만큼 많아질 것이라는 염려이다. 하지만 첫 번째의 문제는 행사의 성격을 하드웨어와 소프트웨어의 개념으로 분리하여 분담하면 해결될 일이다. 행사는 공간, 비품, 좌석 배치, 의전 등과 같은 외형(하드웨어)도 준비해야 하고, 주요 인사 초청, 프로그램 준비, 진행 등 행사의 내용(소프트웨어)도 준비해야 한다. 총무팀에서 주관해야 할 일은 주로 행사의 하드웨어에 관한 것이고, 소프트웨어는 당연히 해당 업무 부서가 주관이 되어야 한다. 이렇게 되면 총무팀은 어떠한 성격의 행사든 하드웨어 주관 부서로서 소프트웨어 주관 부서와 협력하여 행사 준비를 훌륭히 소화해낼 수 있다. 행사 업무를 '주관 부서 – 협조 부서'에서 '하드웨어 주관 부서 – 소프트웨어 주관 부서'의 행정 구조로 개념을 전환하는 것은 작고 단순한 일 같지만 그 안에 큰 변화가 숨겨져 있고 장점도 많다.

　총무팀이 행사 하드웨어의 주관 부서가 되면 업무가 많아질 것이라는 것도 지나친 염려이다. 총무팀은 어떤 방식으로라도 행사에 관여하게 되어 있어 전체적인 일의 양은 정해져 있다. 다만 그 일에 협조 부서로서 수동적으로 참여하는지, 아니면 행사 하드웨어의 주관 부서로서 능동적으로 참여하는지 그 형태만 다를 뿐이다. 오히려 주관 부서로서 능동적으로 참여하는 것이 행정의 효율성을 훨씬 높이고 업무량을 줄일 수 있는 여지가 생긴다. Y 과장은 학연교수 행사 협력을 위해 총무팀 4명에게 각각 다른 문서 형태로 협조를 요청했고, 그들 각자에게 행사의 내용을 처음부터 다시 설명해야 했다. 총무팀의 철저한 분업 방식은 행사를 준비함에 있어 Y 과장과 직접 일대일로만 연결되도록 했고, 정작 총무팀 내부에서는 소통이 되지 않는 구조를 만든 것이다.

그렇다면 총무팀이 능동적으로 행사를 주관한다면 어떻게 될까? 이 경우에 Y 과장은 총무팀에 행사의 개요만 설명하면 된다. 그러면 총무팀은 공간을 확보하고, 비품을 준비하고, 외부 차량을 의전에 따라 안내할 것이다. 그들 간에 공간사용신청서, 비품요청공문, 차량협조공문을 주고받을 일도 없어진다. Y 과장이 애써 그들 각자에게 행사의 내용을 설명해주는 번거로움도 없어진다. 그들은 행사의 목적을 잘 이해하고 스스로 자신의 최고 역량을 발휘하게 될 것이며, 결과적으로 학교는 내부 역량을 최대화하는 성과를 낼 것이다. 수동적 참여와 능동적 참여의 차이는 일의 결과는 물론 내부 행정 비용면에서도 전혀 다른 결과를 만든다.

　'주관 부서 대 주관 부서'로의 전환은 조직 내부의 일이 의미 있는 단위로 조직화된다는 또 하나의 장점이 있다. 만약 총무팀이 다른 부서가 주관하는 행사에 수동적으로 협조하는 부서로 존재한다면, 총무팀의 업무를 공간 관리, 비품 관리, 차량 관리 등으로 세분화하여 담당자를 두고 영역별로 전문화하면 된다. 그들 상호 간의 협조는 중요하지 않으며, 오로지 주관 부서에서 요청하는 대로 자신의 전문 영역에서 협조만 잘하면 된다. 이런 업무 분장에서 총무팀 각 담당자는 업무 가치를 어떻게 설정하겠는가? 공간, 비품, 차량 담당자는 각 업무 영역별로 추구하는 가치가 다를 것이고, 각자 자신의 가치를 최적화시키는 방향으로 행정 업무를 수행할 것이다. 그래서 공간 담당자는 공간사용신청서를 개발하고, 비품관리 담당자는 비품 신청만을 할 수 있는 완전한 전자문서를 별도로 구축하고, 차량관리 담당자도 자신의 업무 영역만을 위한 전자문서를 구축할 것이다. 많은 행정전산시스템이 실제로 이런 방식으로 구축되고 있다. 그러나 이런 방향은 일을 하는 본질적인 목적에서 멀어지는 길이다. 각자의 전문화된 업무별 목적이 아니라 본질적인 목적을 향해서 관점을 바꾸어 방향을 재설정해야 한다.

존 G. 밀러는 『아웃스탠딩』에서 "조직의 공표된 가치와 일선 실무자들의 행동이 일치하느냐, 그렇지 않느냐가 바로 탁월한 조직인지 아닌지를 판가름하는 시금석이다. 가치와 행동을 정렬시키는 것은 매우 어려운 일이지만 그만큼 큰 보상이 뒤따른다."고 했다. 각 개인이나 부서는 하고 있는 일을 앞에 두고 가치와 행동이 정렬되어 있는지 생각해봐야 한다.

학교 조직의 가치와 총무팀의 행동이 정렬되어 있는가? 공간 담당자가 행사의 가치에는 전혀 관심이 없고 다만 공간 관리에만 충실하다면, 비품 담당자나 차량 담당자 역시 행사의 가치에는 전혀 관심이 없고 다만 비품과 차량 관리에만 충실하다면, 조직의 가치와 총무팀의 행동은 정렬되지 않은 것이다.

그렇다면 총무팀의 가치는 무엇인가? 총무팀이 추구하는 가치는 의미 있는 일의 결과를 만들어내는가? 총무팀의 세분화된 업무가 모여 하나의 행사를 만들어낸다. 다시 말해 총무팀의 세분화된 업무는 하나의 행사를 만들기 위한 수단이 된다. 그리고 수단으로서의 가치는 목적의 가치보다 우선할 수 없다. 공간 관리, 비품 관리, 차량 관리를 목적으로 일하는 곳은 이러한 일을 전문으로 하는 학교 밖의 외부 전문 업체이다. 총무팀이 부분적인 수단에만 치중한다면 용역 업체의 벽에 걸려있어야 할 가치를 자신의 사무실 벽에 걸어 놓고 일하는 격이다. 이제 그러한 일들의 대부분은 용역 업체에서 대행하게 될 것이다. 이것은 예측이 아니다. 실제로 이미 많은 업무가 용역 업체의 일이 되어가고 있다. 대학 정문을 지키는 업무는 더 이상 총무팀에서 담당하지 않는다. 경비원은 용역 업체의 가치에 따라 움직인다. 복사하고 제본하는 일도 마찬가지다. 예전에는 총무팀 산하에 복사실을 두었다. 하지만 이제는 아예 외부 업체가 캠퍼스 내로 들어와 있다. 이 업체들은 어떤 복사물이든지 복사만 잘해주면 된다. 그것이 그들의 목적이고 가치이다.

총무팀은 용역 업체로서의 역할이 아닌, 그들과 차별화된 그 무엇이 필요하다. 학교 조직의 가치를 공유하고 그 가치를 실현할 수 있는 의미 있는 일을 수행하는 부서가 되어야 한다. 그리하면 총무팀의 직원들은 용역 직원이 아닌 학교 구성원으로서의 자부심을 가질 것이고, 행사를 치르면서 미래전략팀과 마치 한 부서 동료처럼 일하게 될 것이다. 이렇게 되면 행사의 결과도 달라진다. Y 과장의 경험을 바탕으로 한 행사가 아니라 학교의 이름을 내걸어도 되는 최고 수준의 행사로 바뀔 것이다.

3차원 행정

조직을 들여다보면 그 안에는 분업화된 수많은 '작은 일'로 나누어져 있고, 이 '작은 일'들이 일정 단위로 다시 조직화되어 한 부서를 이룬다. 그리고 각 부서는 나름대로 의미체계를 가지고 조직화하게 되는데, 이 의미체계에 따라 부서는 다양한 방식으로 조직화되고 업무 내용이 달라진다. 이렇게 조직화된 각 부서는 2차원의 평면 위에 조직도로 그려진다. 그리고 우리는 조직이 잘 돌아가길 기대한다. 하지만 해결해야 할 과제 앞에서 조직은 기대만큼 실력을 발휘하지 못한다. 현실에 능동적으로 대처하지 못할 뿐 아니라 부서 간에도 불협화음이 발생한다. 그러면 2차원 조직도를 펼쳐놓고 조직을 재편한다. 결과가 바뀌었을까? 그렇지 않다. 조직을 재편하여 일시적 문제는 해결했을지언정 얼마간의 시간이 지나면 다른 곳에서 이전과 똑같은 문제가 발생한다. 다시 조직도를 그리지만 조직은 해결해야 할 현실 앞에서 다시 무너진다. 이것이 2차원 행정의 작동 방식이고 실체이다.

결국 2차원 행정조직도를 놓고 작전을 짜는 것은 항상 실패할 수밖에 없다. 조직이 해결해야 할 현실적 문제들은 3차원상에서 존재하기 때문이다. 현실적 문제들은 조직도에서 정한 어느 특정한 부서에서 해결할 수 없고, 단순히 몇 개의 부서가 협조해서 될 일도 아니다. 그것은 어느 특정한 지면에 있는 것이 아니라 지면 위에 있는 각 부서가 바라볼 수 있는 3차원의 공간 어딘가에 위치해 있다. 그 지점은 어느 부서의 영역이라고 딱히 정할 수 없고, 모두가 공유하는 영역에 걸쳐 있다. 그러므로 여기에서 한 가지 확실히 인식을 전환하는 것이 좋겠다. 우리가 통상적으로 조직 내에서 해결해야 할 어떤 과제를 특정 부서의 업무라고 구분하려는 생각이 사실상은 불가능한 일이고, 그렇게 한다는 것 자체가 부질없는 것이라는 것을 말이다. 억지로 업무 영역을 구분하려는 것은 마치 하늘에 떠 있는 수많은 별들을 땅 위에 금을 그어 영역을 표시하는 것과 같다. 이처럼 차원이 다른 문제를 바라볼 때는 '넥커 정육면체(Necker Cube)'처럼 시각적 환상이 존재한다.[6]

---

6. 『확장된 표현형』(리처드 도킨스)에서 넥커 정육면체에 대한 설명은 이렇다. "이 그림은 우리들의 뇌가 3차원의 정육면체로서 인지케 하는 선형 그림으로 구성되어 있다. 그런데 그와 같이 지각되는 정육면체의 배치 방향에는 두 갈래의 가능성이 있으며, 모두 종이 위의 2차원 상(像)과 일치한다. 처음에는 보통 두 가지 배치 방향 중 어느 하나가 보이지만, 수 초 동안 보고

우리는 이러한 3차원 공간에 존재하는 현실을 2차원적인 행정으로 접근할 수밖에 없다. 부서는 2차원 위에 있고, 부서 간을 넘나드는 '해결해야 할 과제'는 3차원의 공간에 존재하기 때문이다. 따라서 해결해야 할 과제의 해법이 넥커 정육면체처럼 다른 방향으로 보이는 반전이 되풀이되고 만다. 앞에서 언급한 교원인사팀, 미래전략팀, 총무팀은 각자의 관점에서 넥커 정육면체를 바라보고 있다. 그리고 각 팀의 지각을 틀리다고 할 수 없다. 하지만 서로 다른 지각으로 인해 생기는 갈등 또한 피할 수 없다. 이러한 모순의 해법은 3차원 행정에서 찾아야 한다.

3차원 행정은 2차원 행정 바탕 위에 해결해야 할 과제 중심의 '또 다른 움직임'을 보태는 것이다. 여기에서 '또 다른 움직임'은 과제 해결을 위해 2차원 행정조직의 모든 역량을 활용해 창조적으로 움직이는 것을 말한다. 이 움직임의 특징은 해결해야 하는 과제에 모든 역량을 집중한다는 것, 부서의 경계를 벗어나 모든 부서의 역량을 최대한 활용한다는 것, 그리고 창조적인 발상이 가미되어 능동적으로 움직인다는 것이다.

반면 2차원 행정은 해결해야 할 과제보다는 부서의 목표를 중심으로 움직인다. 따라서 부서 간 담장이 높고 수동적인 움직임을 보인다. 조직은 일반적으로 구성원들이 2차원 행정을 잘 수행할 수 있도록 체계화되어 있다. 우리는 이 2차원 행정조직을 발전시켜 더 유기적이고 세밀한 기능을

있으면 그 입방체는 마음속에서 '뒤집어져서' 다른 방향을 향해 있는 정육면체로 보이게 된다. 다시 몇 초가 지나면 그 심상은 다시 원상태로 돌아오게 되고, 그 그림을 계속 보고 있는 한 이러한 반전은 되풀이된다. 중요한 점은 그 정육면체에 대한 두 가지 지각 중 어느 것 하나만 맞거나 '진짜'가 아니라 모두 맞는다는 것이다."

수행할 수 있도록 만들어야 한다. 3차원 행정은 이 2차원 행정을 기반으로 수행하는 것이지 2차원 행정을 버리는 것이 아니기 때문이다. 3차원 행정에 대한 새로운 역할을 기대한다면, 이제 우리는 2차원 행정을 '어떤 일을 수행하는 기본적인 조직'으로 이해해야 한다. 이것은 해결해야 할 어떤 과제가 2차원 행정 안으로 들어와 저절로 해결되리라는 기대는 더는 하지 말아야 한다는 의미이다.

이처럼 2차원 행정의 역할에 대해 다시 정의하고 나면 3차원 행정의 역할과 기대가 무엇인지도 좀 더 명확해지고 조직이 '또 다른 움직임'을 어떻게 관리해야 하는지도 알게 될 것이다. 조직이 2차원 행정에만 관심이 있다면 '또 다른 움직임'은 조직 내에서 깨어있는 몇몇 개인들의 몫이 된다. 하지만 이러한 간헐적 움직임에만 기대어서는 조직을 혁신할 수 없다. '또 다른 움직임'이 예외적인 사례가 아니라 정상적인 조직 행위가 될 수 있도록 조직에서 포용하고 제도적으로 길을 열어야 한다. 그 방법은 '창조적 리베로'가 활발하게 움직일 수 있는 조직적인 여건을 마련해주는 것이다. 창조적 아이디어를 실현할 수 있는 권한을 주고, 그 결과에 따른 적절한 보상 제도를 마련해주는 업무 환경이 3차원 행정을 위한 바탕이 될 것이다.

조직 구성원에게는 두 가지의 역할이 존재한다. 하나는 2차원 행정에서의 기본적인 역할과 '창조적 리베로'의 역할이다. 전자의 역할은 의무이고, 후자의 역할은 본인의 자유의지와 능력에 달려있다. 조직 속 개별 구성원의 차원에서 보면, 어떤 사람은 기본적인 역할에 100%의 역량을 집중할 수도 있고, 또 어떤 사람은 기본적인 역할에는 70%, 창조적인 역할에 30%로 역량을 나누어 할애할 수도 있다. 어떤 일에 더 중심을 두든지 둘 다 조직에서 꼭 필요한 역할이다. 창조적 역할이 없이 기본에만 충실한 조직은 혁신의 가능성이 없고, 기본이 없는 조직에서 창조적 역할만을 기대하는 것은 사상누각에 불과하다. 유기적으로 구조화된 2차원 행정조직을 바탕으로 '창조적 리베로'가 활발히 움직인다면 전문화된 조직사회에서 인간이 사회 메커니즘의 부품으로 전락하는 것을 방지할 수 있다. 그리고 조직도 융통성과 다양성을 갖추어 환경 변화에 잘 적응할 수 있을 것이다. 나는 그러한 조직을 꿈꾼다.

대학 교육 디자이너

대학행정과 교육과정

대학은 학문의 공연장이다. 연구실, 강의실마다 학문을 주제로 수많은 소공연이 펼쳐진다. 공연에 훌륭한 배우가 중요하듯이 대학에도 우수한 교수가 필요하다. 하지만 최고의 교수가 최고의 교육을 보장하지는 않는다. 이는 배우 혼자서 훌륭한 공연을 만들지 못하는 것과 마찬가지이다. 좋은 공연을 위해서는 무대 조명에서부터 기획까지 모든 것이 어우러져야 한다. 대학행정은 학문의 공연과 관련된 모든 것이다. 무대를 비추는 조명기사에서부터 연출자까지 대학 행정은 다양한 모습으로, 포괄적으로 존재한다. 하지만 대학이라는 복합적이고 특수한 공간에서 행정이라는 분야는 제대로 정립되어 있지 않고, 또 잘 보이지 않는다. 대학이 '교육과 연구를 하는 곳'이기 때문에 '교육과 연구를 하는 사람'만이 중요하게 부각되고, 대학행정은 그 나머지에 해당하는 부차적인 것, 보조적인 것으로 여겨질 수 있다. 하지만 배우가 혼자서 무대 조명에서부터 연출까지 하는 것은 주먹구구식 아마추어 공연에 불과하다.

대학 내의 역할 구도에서 행정의 위상이 제대로 정립되어야 한다. 그래야 대학이 '교육'과 '연구'를 주제로 훌륭한 공연을 할 수 있다. 이런 측면에서 대학의 교육과정을 행정적으로 다양한 관점에서 생각해볼 필요가 있다. 교육과정에 대한 생각을 머릿속에 넣고 여러 각도에서 되새겨보면 손으로 반죽해서 뽑아내는 쫄깃한 면발처럼 교육의 경쟁력을 높일 수 있는 맛있는 대안이 나올 수도 있을 것이다.

교육과정을 행정적 관점에서 고찰하고자 할 때 두 가지 점을 염두에 두었으면 한다. 첫째, 부서 간 장벽을 제거하고 바라봐야 한다. 조직의 공통적 가치나 목표가 아닌 부서의 창을 통해서만 바라보는 것은 소통을 가로막는 장벽이다. '교육과정은 교무처 소관의 일이야.'라고 하면서 생각을 멈추어서는 안 된다. 부서 간 장벽을 없애고 대학행정에 관여하는 모두가 교육과정을 함께 고민하고, 각자의 생각을 끝까지 따라가야 한다. 대학의 울타리 안에 있는 모든 구성원들의 공통 단어는 '교육'과 '연구'이다. 대학에서는 교육과 연구가 무엇인지 모르고서 무작정 건물을 짓거나 등록금을 편성할 수 없다. 만일 교육과 연구의 가치를 공유하지 않는 행정이 있다면 그 업무는 당장 아웃소싱해도 좋을 것이다. 대학행정은 공통의 가치를 연주하는 오케스트라이고, 교육과정은 그 공통가치 중의 하나이다.

둘째, 어떤 고정관념이나 전제 조건 없이 고찰해야 한다. 각 부서의 입장, 개인적 선입견, 과거로부터의 관행 등을 모두 버려야 한다. 이러한 전제 조건이 없는 상태에서 교육(교육과정)을 처음부터 다시 되돌아봐야 한다. 고찰하는 중간에 다시 이러한 고정관념이 끼어들어 생각의 흐름을 방해해서도 안 된다. 각자의 개인적 위치나 선입견을 버리고, 끝까지 사유한 이후에 자신의 입장에서 재해석해야 한다. 현실로부터 낯설어지는 경험을 통해서만이 자신의 현실적 위치를 정확히 알 수 있다. 이는 삶에서 여행이 주는 경험과 같다.

부서 간 장벽과 전제 조건을 훌훌 털어버리고 행정적인 관점에서 교육 과정을 고찰하는 여행을 떠나보자. 여행에서 각자의 자리로 돌아왔을 때, 등록금 담당자는 관행적으로 답습하던 방식을 벗어던질 것이고, 시설부 담당자는 건물을 지을 때 어떻게 하면 효율적인 교육 공간을 만들어야 하는지 고민하게 될 것이다. 그렇게 된다면 이전보다 좀 더 나은 교육 공연이 펼쳐질 수 있을 것이다.

교육과정을 보는 관점

가르치는 사람은 강의실에서 최선을 다한다. 하지만 교육과정에 대해서는 학생들에게 누구도 자신 있게 말을 하지 않는다. 교수의 입장에서는 자신과 상관없는, 즉 자신의 역할 밖의 그 무엇이라고 생각하고, 대학행정인의 입장에서는 이 영역이 교수의 몫이라고 한발 물러서 있다. 이처럼 개별 교과목과 교육과정 사이에는 눈 속에 살짝 덮여있는 빙하지대의 크레바스처럼 큰 틈이 있다. 이는 교육과정 관리에 있어서 잘 보이지 않는 함정이고 취약점이다. 이 틈은 교육과 행정이 교차하는 지점에 위치해 있다. 틈을 메우기 위해서는 교육과 행정이 이 교차점으로 한 발씩 더 나아가서 새로운 일자리가 생성되어야 한다.

미래학자 토머스 프레이(Thomas Frey)는 미래 산업의 일자리 변화를 예측했다. 그중 교육 분야에서 소멸하는 일자리는 교사, 교수, 트레이너 등인데 가장 빨리 사라지는 것은 대학교수이고, 새로운 일자리가 생성되는 곳은 교육 코치, 교육과정 디자이너, 커리큘럼 개발자, 학습캠프 운영자 등이라고 내다봤다. 이러한 전망의 근거로 매사추세츠공과대학교(MIT)의 오픈코스웨어, 빌앤멜린다게이츠재단과 구글 등의 지원을 받은 칸 아카데미, 유명 대학의 강의를 무료로 제공하는 애플의 아이튠즈 U 등을 예로 들면서 미래에는 교육이 무상 제공될 것으로 예측했다. 프레이의 예측처럼 과연 대학교수가 사라질 것인지는 두고 볼 일이다. 하지만 교육 분야에서 교육 코치, 교육과정 디자이너 등의 새로운 일자리가 생성된다는 예측은 틀림이 없는 듯하다. 덧붙여 말하자면 새로운 일자리라기보다는 이미 존재하고 있지만, 앞으로 그 수요가 더 많아지리라는 것이 정확한 표현이다. 현재 대학 현장에서는 교육 코치, 교육과정 디자이너, 커리큘럼 개발자와 같은 전문가가 필요하다. 다만 그러한 일들이 아직은 전문적인 직업군으로 자리를 잡지 못해 일반 교수나 행정직원이 담당하는 경우가 많고, 그 중요성을 인정받지 못하고 있다.

교육은 교수의 개인 역량보다도 대학 전체의 역량이 더 중요하고, 이는 교육과정을 통해 구체적으로 실현된다. 교육과정은 대학의 교육이념, 교육 목적을 달성하기 위한 구체적인 교육체계이다. 여기에 하나하나의 교과목을 묶어서 교육과정을 만들고 제공하는 '교육행정가', 즉 '교육과정 디자이너'의 관점이 필요하다. 교육과정의 고찰은 교육 코치, 교육과정 디자이너, 커리큘럼 개발자, 학습캠프 운영자 등 향후의 새로운 일자리를 위한 기초 과정이다.

아래는 교육과정을 이해하는 방법으로써 나름의 경험을 토대로 몇 가지 관점과 그 관점에서 선택할 수 있는 정책의 양극단을 함께 제시했다. 물론 이 관점만이 교육과정을 올바르게 인식할 수 있는 좋은 전망을 제시하는 것은 아니며, 이외의 다양한 관점에서 교육과정을 조망할 수도 있을 것이다. 그러므로 이 관점은 여러 사람들에 의해 보완되고, 또 새로운 관점을 찾는 과정이 지속되어야 한다. 그것이 교육과정 디자이너 분야를 개척하는 길이고, 대학 경쟁력을 높일 수 있는 방법일 것이다.

1. 교육의 목적: 학문인가? 도덕인가?

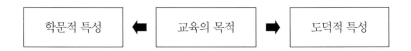

교육과정에서 이수를 위해 필요한 개별 교과목 또는 졸업 요구 조건들이 학문적 특성을 많이 가지고 있을까? 아니면 도덕적 특성을 많이 가지고 있을까? 만일 도덕적인 것과는 전혀 관계없이 100% 학문적인 목적만 추구한다면 교육 목적에 부합한다고 할 수 있을까? 반대로 학문적인 것과는 전혀 관계없이 100% 도덕적으로 필요하다고 해서 교육과정에 반영하는 것은 바람직한가?

K 대학교의 교육 목적은 '민주교육의 근본이념을 바탕으로 학술이론과 그 응용방법을 교수·연구하는 동시에 국가와 인류사회 발전에 필요한 인재육성'이다(학칙 제1조). 교육 목적을 보면 학문적인 목표와 함께 도덕적 특성이 내포되어 있다. 따라서 교육과정을 편성하고 운영하면서 학문적 특성과 도덕적 특성이 균형을 이루도록 하는 것이 중요하다. 예를 들면 봉

사활동을 교육과정에 반영한다고 할 때 학생이 봉사활동을 몇 시간 했는지에 따라 학점을 부여하는 방법도 있고, 봉사에 대한 학술적인 교과목을 이수하게 한 후 학점을 부여하는 방법도 있을 것이다. 전자는 도덕적인 것을 학점으로 인정해주는 것이고, 후자는 학술적인 것을 학점으로 평가해주는 방식이다.

교육의 목적 관점에서 좀 더 생각해봐야 할 문제들은 다음과 같다.

- 교육과정 또는 졸업 요구 조건 중에서 학문적이지 않은 것은 어떤 것이 있는가?
- 비학문적 영역은 어떻게 반영되는 것이 바람직한가?

2. 교육의 중심: 교육 수요자를 우선할 것인가? 교육 공급자를 우선할 것인가?

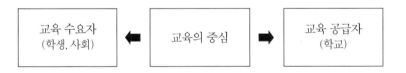

교육과정에는 가르치는 사람(학교), 배우는 사람(학생) 그리고 사회의 요구가 반영된다. 교육을 수요와 공급의 관점에서 보면 가르치는 사람(학교)은 교육의 공급자이고, 학생은 교육의 수요자라고 볼 수 있을 것이다. 정부와 산업체를 포함한 사회는 교육의 공급자이면서 수요자이기도 하다.

교육을 공급하는 대학은 항상 교육 수요자에게 귀를 기울여야 한다. 우선 교육에 대한 학생들의 요구사항을 듣고 반영해야 한다. 학생들은 학교 밖의 정치·사회 문제에 대해서는 갈수록 관심이 적어지고 있다. 대신 학

내의 문제, 특히 교육에 대해서 적극적인 관심을 가지고 참여하고 있다. 총학생회 차원에서도 교육 문제에 대해 학생들의 의견을 수렴하여 대안을 제시하고 학교에 이를 관철하고자 한다. 학생들은 교육 소비자로서의 권리를 더 부각시키고 교육의 공급자와 협상을 하는 것이다. 물론 교육과정에서 대학이 학생과 대화를 하는 것을 '협상'이라는 용어로 표현하는 것은 부적절하다고 생각할지 모르겠다. 하지만 이미 학생들은 교육과정뿐만 아니라 교육에 관한 모든 것에 대해서 점점 더 '협상'의 자세로 임하고 있다. 예를 들면 다음과 같은 요구사항들이 협상의 대상이 되고 있다.

'교육과정이 특정한 사상으로 편향되어 있으니 시정해 달라.'

'특정 강사, 특히 유명 인사를 강사로 초청해 달라.'

'리포트를 첨삭 · 지도해서 되돌려 달라.'

'재수강을 좀 더 쉽게 해 달라.'

'학기당 수강학점을 신축성 있게 운영해 달라.'

강의 평가라는 큰 무기를 들고 있는 학생들은 위와 같이 구체적 요구사항을 조직적으로 요구하고 있다. 대학은 교육 수요자(학생)의 다양한 요구들 중에 어떻게 옥석을 가려 정책에 반영할 것인가?

교육 수요자의 또 다른 축을 형성하고 있는 사회, 특히 산업체는 대학의 교육과정에 대해 항상 불만족스러워하고 있고, 현실과 동떨어진 학문보다는 학생들이 사회에 진출해서 당장 적응할 수 있는 실용적인 교육을 해 달라고 대학에 요구한다. 산업체는 대학에 특정한 교과목이나 능력을 가르치도록 요구하기도 하지만 공학교육인증과 같이 교육과정 자체를 인증하는 방법을 통해 대학의 교육과정에 영향력을 발휘하기도 한다. 나아가 산업체는 계약학과 등을 통해 대학에 맞춤형 교육과정을 직접 운영하기도 한다. 대학은 이러한 산업체의 요구에 어느 정도 부흥해야 하는지 진지한 고민이 필요하다. 자본의 영향을 받을 수밖에 없는 오늘날의 대학은 학문과 취업 사이에서 적절한 균형을 이루어야 한다. 그렇지 않고 대학과 사회 간에 균형이 무너지고 사회 쪽으로 축이 기운다면, '대학이 직업양성소인가?'하는 자조적인 목소리가 커질 것이다.

교육을 수요와 공급, 소비자 등과 같은 관점에서 접근하면 대학의 교육과정에 긍정적인 면도 있지만 반드시 부작용이 함께한다. 인문학이나 이공계 기초 학문의 위기론과 같은 것들이 바로 그것이다. 대학은 이 위기를 어떻게 극복할 것인가?

교육의 중심 관점에서 좀 더 생각해봐야 할 문제들은 다음과 같다.

• 학생들의 요구사항은 무엇인가?
• 학생들의 요구사항을 어떠한 관점에서 보아야 하는가?
• 사회의 요구사항은 무엇인가?
• 산학협력 교육과정은 바람직한가?
• 대학은 기초 학문의 위기를 어떻게 극복할 것인가?

3. 교육의 방법: 일정한 교육 수준을 유지할 것인가? 수준별 수업을 할 것인가?

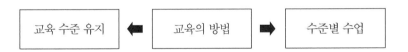

산업체가 대학을 향해서 졸업생들의 자질 문제에 대해 불만을 토로하는 것처럼, 대학은 고등학교를 향해서 도대체 학생들에게 무얼 가르치는지

모르겠다고 항상 하소연한다. 실제로 학생들의 수학(受學) 능력이 과거와 비교하면 점점 떨어지고 있는 것인지, 아니면 대학교수의 일상적인 푸념인지는 잘 모르겠다. 다만 한 가지 확실한 것은 학생 간에 편차가 분명히 존재한다는 것이다. 그래서 대학은 교양 기초 과목에 대해 수준별 학습을 하거나 특정한 교과목에 한해 수강할 수 있는 일정한 자격 조건을 제시하기도 한다.

반대로 영재 또는 특기자 전형으로 선발된 학생에게는 특정한 분야에서 일반 학생들과 다른 높은 수준의 교육이 필요하다. 수준에 맞는 적절한 교육과정을 제시하지 않으면 그들이 평범한 대학생이 되기까지는 그리 오랜 시간이 걸리지 않을 것이다. 그래서 대학은 이들을 위하여 별도의 특별 교육과정을 제공하기도 한다.

대학은 일정한 교육 수준을 유지하는 것이 바람직한가? 아니면 수준별 수업을 제공하는 것이 바람직한가? 하는 관점과 관련해서 좀 더 생각해봐야 할 문제들은 다음과 같다.

• 학습능력이 부진한 학생을 위한 수준별 수업이 필요한가?
• 영재 또는 특기자 교육은 어떻게 반영할 것인가?
• 수준별 수업을 도입할 경우 교육과정상의 문제점은 무엇인가?
• 상생할 수 있는 대안은 무엇인가?

4. 전공: 통합할 것인가? 세분화할 것인가?

교육과정은 구체적으로 전공별로 제공된다. 최미리(덕성여자대학교)의 논문「한미 주요 대학의 학사제도 및 교육과정 변천 연구-1996년도부터 2013년도까지의 변천 과정을 중심으로」에 따르면 한미 주요 대학교의 전공 운영을 비교한 현황은 다음과 같다.

"미국 대학들의 2013년도 단일학문 전공 수는 하버드, 시카고, 브라운 대학이 각각 17개이며, 프린스턴 대학 18개, 컬럼비아 대학 22개, 스탠퍼드 대학 34개, 예일 대학 37개이다. 이들 미국 대학들의 1996년도의 단일학문 전공 수는 22개에서 33개로 기본적인 학문 분야만을 단일학문 전공으로 제공하였는데 2013년도에는 이보다 더 감소함으로써 전통적인 단일학문 분야가 더욱 축소되었음을 알 수 있다. 미국 대학들의 2013년도 연계전공의 수는 대학별로 30개에서 61개에 이르기까지 다양한 분야에서 제공된다. 이들 미국 대학들의 1996년도의 연계전공 수는 대학별로 20개에서 54개에 이르기까지 다양하였는데 2013년도에는 더욱 증가하였다. 즉 미국 대학들은 전통적인 단일학문 전공 분야를 더욱 폐지하는 대신 연계전공 분야를 대폭 확대하고 있음을 알 수 있다. 미국 대학들은 1996년도에는 단일학문 전공 수 만큼의 연계전공 분야를 제공하였는데 2013년도에는 단일학문 전공 수의 2배 이상의 연계전공 분야를 제공하고 있는 것이다.

반면 한국 대학들의 2013년도 단일학문 전공 수는 서강대가 19개로 가장 적으며, 연세대, 고려대, 성균관대, 한양대는 50개가 넘고 서울대는 86개이다. 한국 대학들의 연계전공 수는 대학별로 5개에서 15개 정도로 매우 적으며, 이들 연계전공 분야는 제1전공으로는 이수할 수 없고 제2전공으로만 이수할 수 있도록 규정하고 있다. 미국 대학들이 단일학문 전공 수를 대폭 축소하고 연계전공 수를 대폭 확대하여 제공하고 있는 반면, 한국 대학들은 아직도 세분된 단일학문 전공 분야가 다수 제공되고 있으며, 연계전공의 계발이 매우 미약함을 알 수 있다."

또 학부제를 권고하는 교육부의 「고등교육법」 해설 자료집에는 학부제에 대한 다음과 같은 내용이 있다.

"학부제는 과거 우리 대학들이 필요 이상으로 학과가 너무 세분화되어 학문 발전을 저해하고 학생들의 학문 경험 및 전공 선택 기회가 제한되는 것을 개선하기 위하여 도입된 것이었습니다. 따라서 학과제나 학부제는 성질상으로 구분되는 개념은 아니고, 그 최소 단위의 크기에 따라서 구분되는 것이라고 이해하면 될 것입니다. 즉 외국의 사례에 비해서 아주 세분화된 우리의 학과들을 유사한 학과들끼리 묶어서 좀 더 새롭게 탄생된 큰 학과를 학부라고 할 수 있는 것입니다."

전공을 통합하는 것이 바람직한가? 아니면 세분화하는 것이 바람직한가? 이와 관련해서 좀 더 생각해봐야 할 문제들은 다음과 같다.

- 전공을 세분화하거나 통합하려는 주장의 타당성은 무엇인가?
- 학부제란 무엇인가?
- 학문 간 소통을 저해하는 요인은 무엇인가?
- 전공, 학과, 모집단위의 관계는 어떻게 이해되어야 하는가?

5. 졸업의 조건: 과정 이수인가? 능력을 갖추는 것인가?

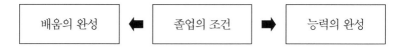

대학 졸업 요건은 크게 두 가지 범주 내에서 제시된다. 하나는 일정한 교육과정을 이수하고 학점을 취득해야 한다는 것이고, 다른 조건의 하나는 학점의 취득과 관계없이 대학 또는 학과에서 요구하는 졸업 요구 조건을 갖추어야 한다는 것이다. 예를 들면 S 대학교의 삼품제(인성품, 국제품, 창의품)와 같은 경우이다. 졸업의 조건 중 학점의 취득 방식은 능력 여부와 관계없이 일정한 이수 조건을 충족한 후 시험을 통해 인정을 받는다. 즉 배움의 결과로서 학점을 받게 되는 것이다. 반면 학점이 아닌 졸업 요구 조건은 학생이 일정한 이수 조건을 충족하는 것이 아니라 학생 자신의 능력을 입증해야 한다.

졸업의 조건 관점에서 좀 더 생각해봐야 할 문제들은 다음과 같다.

• 대학의 졸업 요구 조건에는 어떠한 것들이 있는가?
• 학점이 없는 졸업 요구 조건은 바람직한 것인가?

6. 교과목의 권리: 교과목이 우선인가? 교수가 우선인가?

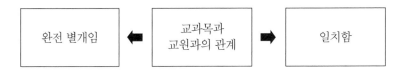

| 완전 별개임 | ← | 교과목과 교원과의 관계 | → | 일치함 |

A 대학교의 교양과목 교육과정 중 핵심 교양은 7개의 영역으로 구분되어 있으며, 영역별로 교과목이 개설되면 대학 또는 학과(전공)에 따라 4~5개 영역을 지정하여 이수하도록 하고 있다. 또한 교양 교육의 내실화를 위해 핵심 교양 영역은 반드시 전임교원이 담당하도록 하고 있다. 그런데 문제는 핵심 교양이 학기마다 최소 120강좌 이상 개설되어야 하지만 100여

개 강좌만이 개설되어 강의 수가 절대적으로 부족하다는 것이다. 핵심 교양으로 개발된 교과목은 4~500여 개 과목이지만 정작 개설되는 것은 학기당 100여 개를 넘지 않는 것이다. 이는 전임교원이 핵심 교양과목을 개발하고, 과목 개설 여부도 과목을 개발한 전임교원에게 전적으로 맡기는 교원 우선 정책을 실시하고 있기 때문이다. 한편 B 대학교는 편성된 교과목을 해당 학기에 100% 개설하도록 의무화하였고, 이를 위반하였을 경우 해당 강좌를 폐강하도록 조치하고 있다. 또한 C 대학교는 개설 교과목 담당 강사를 공개 모집한다. 두 학교 모두 교원보다는 교과목을 우선하는 정책이다.

어느 학과에 신임 교원이 오면 부분적으로 교과목 개편을 하는 경우가 있다. 기존 교육과정에서 신임 교원이 강의할 교과목을 만들어야 하기 때문이다. 이러한 사례는 교양보다는 전공 교육과정에서 자주 발생한다.

교육과정은 가르치는 교원의 영향을 받을 수밖에 없다. 어느 교과목은 가르쳐야 할 교원이 부족하여 교과목을 개설할 때 분반 자체가 불가능하다. 반면 교양이나 기초 전공과목 등은 대체로 가르칠 교원이 넘쳐서 학생의 수요에 따라 분반을 쉽게 할 수 있다.

교육과정의 편성 및 운영에 있어서 교과목과 교원의 관계는 어떠해야 하는가? 이 둘 중 어느 쪽에 우선순위를 둘 것인가? 어느 지점에서 균형을 이룰 것인가? 하는 관점에서의 고민이 필요하다. 이와 관련해서 좀 더 생각해봐야 할 문제들은 다음과 같다.

- 교과목을 우선하는 교육과정의 사례는 무엇인가?
- 교원을 우선하는 교육과정의 사례는 무엇인가?
- 교과목 또는 교원을 우선할 경우 교육과정의 장단점은 무엇인가?

- 함께 고려해야 할 교육 정책은 무엇인가?
- 적절한 교육과정 정책 방향은 무엇인가?

7. 졸업 학점 수: 낮출 것인가? 높일 것인가?

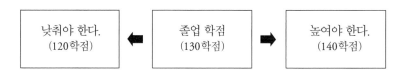

A 대학교는 졸업 학점의 기준이 130학점이다. 그동안 교육과정을 지속적으로 개편해서 졸업 학점을 낮추어 온 결과이다. 여기서 멈추지 말고 120학점까지 낮추어야 한다는 목소리가 있다. 하지만 졸업 학점을 140학점 이상으로 다시 상향 조정해야 한다는 의견도 많다. B 대학교는 졸업 학점을 130학점까지 낮추었다가 140학점으로 다시 높이는 방향으로 교육과정을 개편했다.

학점 자체는 주당 가르쳐야 하는 시간에 비례한다. 즉 양적인 표현이다. 졸업 학점에 관한 문제는 학점 수라는 양적인 논리 하나에만 집착해서는 해결되지 않는다. 학점 수와 함께 질적인 부분이 같이 논의되어야 한다. 1학점을 단순히 가르치는 1시간으로 이해하는 경우도 있고, 1학점을 가르치는 1시간에 예습 1시간, 복습 1시간을 더해서 총 3시간의 교육 시간으로 이해하는 경우도 있다. 따라서 단순히 졸업 학점 수만을 가지고 대학의 교육과정에 관해 이야기하는 것은 의미 없는 논쟁이다.

졸업 학점 수를 낮출 것인가? 아니면 높일 것인가? 이와 관련해서 좀 더 생각해봐야 할 문제들은 다음과 같다.

- 서로 다른 견해를 주장하는 그룹은 누구인가?
- 낮추어야 한다는 견해는 무엇인가?
- 높여야 한다는 견해는 무엇인가?
- 서로 다른 견해의 차이점은 왜 발생하는가?
- 근본적으로 서로 다른 주장인가?
- 졸업 학점과 함께 고려되어야 할 교육 정책은 무엇인가?

8. 교육과정 운영 권리: 대학의 고유 권한이다? 정부 · 사회도 권한이 있다?

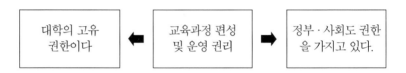

「고등교육법」 제21조 1항에 '학교는 학칙으로 정하는 바에 따라 교육과정을 운영하여야 한다.'라고 명시되어 있다. 교육과정의 편성 및 운영에 대한 권리가 대학에 있음을 법적으로 보장받은 것으로 해석될 수 있다. 하지만 이 권리가 전적으로 대학에만 있지 않은 것 같다. 예를 들면 위의 조항에 다음에 '다만, 국내 대학 또는 외국 대학과 공동으로 운영하는 교육과정에 대하여는 대통령령으로 정한다.'라는 단서를 두었다. 또 같은 조의 제2항에 '교과(敎科)의 이수(履修)는 평점과 학점제 등에 의하되, 학점당 필요한 이수 시간 등은 대통령령으로 정한다.'라고도 되어 있다. 결국 대학은 교육과정의 운영에 대해 완전한 권리를 보장받았다고 할 수 없다. 정부는 법적 근거보다 행정력으로 대학의 교육과정을 충분히 통제할 수 있고 실제로 그러한 막강한 행정력을 발휘하곤 한다.

교육부뿐만 아니라 정부의 각 부처도 대학 교육과정에 영향력을 행사한다. 「고등교육법」 제23조에는 학점으로 인정되는 경우를 나열하고 있는데, 「병역법」 제73조 제2항에 따라 '입영 또는 복무로 인하여 휴학 중인 사람이 원격 수업을 수강하여 학점을 취득한 경우'도 학점으로 인정된다. 이는 국방부의 끈질긴 노력 끝에 포함된 내용이다.

사회도 대학의 교육과정 운영에 관여한다. 그중에서도 자본력과 고용 능력을 갖춘 대기업은 교육과정의 편성 및 운영에도 큰 영향력을 발휘하고 있다. 대기업이 한자의 필요성을 강조하면 대학은 한자인증시험을 졸업 요구조건으로 제시하고, 대기업이 외부 단체로부터 인증된 교육과정을 선호하면 대학은 공학인증, 경영학인증 등의 인증제 교육과정을 운영한다. 아예 기업 맞춤형 교육과정을 대학에 개설하도록 해서 직접 운영하기도 한다.

이처럼 대학 교육과정은 대학 밖의 사회조직으로부터 직간접적으로 영향을 받고 있으며, 그 영향이 커질수록 교육과정의 편성 및 운영 주체에 대한 성찰이 더 필요하다. 이는 대학 내부로 좁혀서 들여다봐도 마찬가지이다. 전통적으로 대학 교육은 하나의 학과에서 하나의 교육과정을 운영하였다. 그러나 지금은 학과 기반이 아니라 2개 이상의 전공이 모여 새로운 융합전공을 만들기도 하고, 대학 행정기관에서 직접 교육프로그램을 운영하기도 한다. 교육과정의 주체가 전통적인 학과에서 벗어나고 있는 현상이다.

이와 관련해서 좀 더 생각해봐야 할 문제들은 다음과 같다.

• 정부의 교육과정 관여 사례는 무엇인가?

- 대학과목선이수제의 장점과 문제점은 무엇인가?
- 기업의 교육과정 관여 사례는 무엇인가?
- 국방부의 군 복무 중 학점 이수 방안에 대한 문제점은 무엇인가?
- 대학의 교양과목 교육과정은 대학의 행정조직으로부터 얼마나 자유로운가?
- 대학의 하계대학 운영의 장단점은 무엇인가?

관점의 확장 그리고 정책의 선택

교육과정을 이해하는 관점을 제시하면서 대학이 관점별로 취할 수 있는 정책의 상반된 견해도 함께 언급했다. 물론 관점별로 내가 선호하는 정책의 방향도 분명히 존재한다. 하지만 여기서 선호는 어느 한쪽의 극단적인 지지가 아니라 상대적으로 무게중심을 어느 쪽에 좀 더 두느냐 하는 정도이다. 위에 제시된 각 관점은 어떤 의미에서는 교육과정을 운영하는 데 있어서 경계해야 하는 것들이기도 하다.

이러한 우려와 경계심은 대부분 경험에서 비롯된 것이다. 학교는 교육과정의 중심을 잡아야 하고, 그것을 지키려는 힘을 기르고자 노력해야 한다. 그렇지 않으면 외부 힘에 의해 중심이 흔들리게 된다. 대학이 중심을 잡지 못하면 학문적 검토 없이 도덕적이라는 이유만으로 교과목이 개설되기도 하고, 지나친 교육 수요자의 요구가 교육과정을 흐트러트리는 원인이 되기도 하고, 학생의 수학 능력을 지나치게 의식해서 수준 이하의 수업이 개설되기도 하고, 전공과목이 지나치게 세분화되기도 하고, 교육과정에 없는 졸업 요구 조건이 늘어나기도 하고, 교과목이 특정 교수의 전유물처럼 되거나 대책 없이 졸업 학점이 줄거나 늘어나는 등 여러 문제들이 생길 수 있다.

교육과정을 이해하기 위한 관점은 앞서 제시한 것 이외에도 훨씬 많을 것이다. 이러한 관점을 하나씩 추가해간다면 교육과정이 무엇인지, 어떻게 설계되어야 하는지, 무엇을 경계해야 하는지, 바람직한 것은 무엇인지 등 판단 기준이 좀 더 확실해질 것이다.

제2부

대학과 사회

제1장

시간강사와 국가인재풀

시간강사 문제

2010년 5월 어느 40대 대학 시간강사가 또 자살했다. 그는 시간강사제도의 부조리에 대해 자신의 생명을 바쳐 세상에 항거했다. 그의 절규가 같은 시대를 살아가는 우리 가슴을 안타깝게 파고든다. 하지만 이러한 시간강사의 죽음 앞에 내놓는 사회의 처방은 여전히 미봉책뿐이고 시간강사의 구조적 모순을 근본적으로 해결하기에는 역부족이다. 정부가 제시하는 처방은 크게 두 가지로 요약될 수 있다.

첫째는 처우 개선이다. 여기에는 시간 강사료의 인상, 4대 보험 가입 등과 같은 조치가 포함된다. 둘째는 신분의 안정이다. 여기에는 시간강사의 교원 지위 회복 등과 같은 조치가 포함된다.

이와 같은 두 가지 처방은 사회적으로 시간강사 처우 문제가 거론될 때마다 내놓는 단골 처방으로 그동안 땜질식 해결 방법이라는 비판을 받아왔다. 그렇다면 '처우 개선'과 '신분의 안정'이라는 처방은 도대체 무엇이 잘못되었을까? 정책의 문제를 진단하기 위해서는 그 처방의 결과가 무엇인지 생각해볼 필요가 있다. 현재의 대학 환경에서 시간강사의 처우를 대폭 개선해 최대한 신분을 안정시키는 정책이 순조롭게 진행되어 그 목적이 달성했을 때를 '안정적 단계'라고 가정해보자. 이렇게 안정적 단계에 이르면 시간강사 문제가 해결될까? 그리고 그 단계에서의 시간강사는 대학 교원 구조에서 어떤 위상을 가지게 될까? 아마도 그들은 지금의 시간강사보다는 조금 나은, 그러나 전임교원보다는 못한 어느 지점에 있게 될 것이다. 그것은 '전업시간강사'라는 새로운 신분 계층일 것이다. 다른 환경 조건을 고려하지 않고, 시간강사의 처우 개선과 신분의 안정에 초점을 맞춘 정책은 나침반이 북극을 가리키는 것처럼 전업시간강사라는 결론으로 자연스럽게 유도한다.

물론 전업시간강사제도는 시간강사의 열악한 환경을 상당 부분 개선시키는 정책임에는 틀림 없다. 하지만 시간강사 문제의 해결책이 전업시간강사라고 한다면 뭔가 방향이 잘못되었다. 시간강사가 목표했던 최종 목적지가 여기였을까? 방향을 잘못 설정한 것은 아닌가? 하는 의구심을 떨쳐버릴 수 없다. 당사자인 시간강사들은 전업시간강사제도에 대해 '오히려 교원 지위에 층위를 두고, 일부 시간강사를 가장 하층으로 흡수해 시간강사 문제를 땜질만 하려는 것'이라며 평가절하하고 있다.

처우 개선과 신분의 안정이라는 두 가지의 해법에는 정부나 당사자가 모두 동의하면서도 그 처방의 결과에는 승복하지 못하는 모순된 상황이 지속되고 있고, 시간강사는 이 모순된 현장의 한가운데서 헤어나오지 못하고 있다.

처방책의 문제점

처방과 결과의 모순을 해결하기 위해서는 기존의 고정관념을 버리고 새로운 관점으로 사태를 직시할 필요가 있다. 시간강사 문제를 해결하기 위한 두 가지 처방은 정말 잘못되었을까? 그렇지는 않은 것 같다. 이 두 가지 처방은 그래도 현재보다는 나은 결과를 가져오기 때문에 처방 자체가 잘못되었다고 보기는 어렵다. 처방책에 대해 부정적인 것은 그것이 본질적인 문제를 해결해주지 못하기 때문이다. 우리가 본질적인 무엇인가를 놓친 것은 아닐까? 여기서 당연하다고 여겨졌던 전제 조건들을 다시 살펴볼 필요가 있다.

첫 번째로 생각해볼 쟁점은 처우 개선과 신분의 안정을 통해 지금보다는 나은 환경을 제공하겠다고 하는데 당사자인 시간강사들은 왜 받아들이지 않는가 하는 점이다. 이 물음에 대한 대답은 이미 나와 있다. 누구나 시간강사가 인생의 최종 목표는 아닐 것이고 박사학위까지 취득한 인재가 전업시간강사로 머물러 안주하고 싶지 않을 것은 당연하기 때문이다. 시간강사의 최종 목표는 대학의 전임교원이 되는 것이고, 그러한 미래를 위해 지금의 열악한 현실을 견뎌내고 있다. 그런데 전업시간강사제도는 오히려 전임으로 가는 길을 더 어렵게 만들고, 나아가 대학의 교원제도를 전체적으로 취약하게 만들 가능성이 매우 크다.

전업시간강사를 제도화하는 것은 그린벨트에 비닐하우스를 만들어주고 시간강사들에게 그곳을 평생의 거처로 삼아서 살도록 하는 것과 같다. 애초에 그린벨트라는 곳은 집을 지을 수 없는 곳이다. 이렇듯 대학 교원의 지위에 전업시간강사를 둔다는 것은 집을 지을 수 없는 곳에다 집을 짓는 것과 같다. 또 하나의 문제는 비닐하우스의 부실함이다. 비닐하우스에 아무리 좋은 시설을 갖춘다 해도 그 한계를 벗어날 수 없듯이 전업시간강사라는 틀 안에서의 처우는 이미 그 자체가 부실한 처방일 수밖에 없다. 과연 이 처방이 병을 치유하는 약이 맞는가?

두 번째로 생각해볼 쟁점은 문제를 해결해야 하는 당사자가 왜 대학이어야 하는가이다. 시간강사 문제에 대한 관계구조는 대학이 '갑'이고 시간강사가 '을'인 당사자 간의 관계를 바탕으로 해서, 정부는 한발 비켜서서 두 당사자가 공정거래를 할 수 있도록 훈수를 두는 관계로 설정되어 있다. 이는 시간강사 문제를 정부가 배제된 상태에서 당사자인 시간강사와 대학이 알아서 해결하라는 방식이다. 이 관계구조는 '양자관계 구조'라고 할 수 있다. 이 관계구조에서 정부가 제시하는 처방 하나하나를 살펴보면 정부의 '책임 없음'이 명확해진다. 시간당 강사료 인상, 4대 보험 가입 등과 같은 처우 개선 대책도 모두 대학의 책임이지 정부의 책임이 아니다. 전업시간강사제도와 같은 신분 안정 대책도 대학이 전적으로 고용 의무를 가지는 것으로 정부는 법 제정을 통한 훈수만 둘 뿐이다. 시간강사 문제가 시간강사와 대학만의 양자관계에서 해결해야 하는 문제가 맞는가?

양자관계 구조에 관한 문제는 이후 별도로 논의하기로 하자. 더 큰 문제는 이 양자관계 구조에서 정부가 내놓는 훈수 대책이 당사자들에게는 환영받지 못한다는 것이다. 훈수가 악수가 되어 상황을 더욱 악화시키고 있는 형국이다. 차라리 훈수를 두지 않고 조용히 관전만 하는 것이 오히려 상책일 수 있다. 이 훈수 정책을 어떻게 할 것인가? 훈수가 잘못되었다면 다른 수를 제시하면 되지 않을까? 과연 양측 당사자, 아니 어느 한쪽만이라도 만족하게 할만한 묘수가 있을까? 양자관계 구조에서 어떻게든 수를 찾아보려는 이러한 방식의 질문에 답을 찾을 수 있을까? 그렇지 않다. 양자관계 구조에서는 절대로 묘수를 찾을 수 없다. 시간강사 문제를 풀기 위해서는 새로운 관계구조를 바탕으로 논의해야 한다.

시간강사의 정의

교육은 공공적 성격을 가지고 있다. 교육 정책은 항상 이 공공성을 바탕에 두고 방법을 마련해야 한다. 많은 교육 정책이 미봉책에 그치는 가장 큰 원인은 이 기본적인 특성을 간과하기 때문이다. 시간강사에 대한 정부의 정책이 실패할 수밖에 없는 이유도 마찬가지이다. 사설 학원에도 강사는 존재하지만 대학의 시간강사처럼 사회적인 문제로 대두되지 않는다. 학원은 능력에 따라 대우받는 시장경제의 논리에 충실하면 되기 때문이다. 대학이 교육의 공공성을 배제하고 시장경제 논리에만 충실해도 상관없는 조직이라면 시간강사의 문제가 발생하지 않을 것이고 정부가 개입할 필요도 없을 것이다.

그러나 대학 교육은 공공성을 바탕으로 하고 있고 대학의 한 축인 시간강사도 역시 공공적 성격을 가지고 있다. 시간강사의 역할과 활동 범위를 봐도 그렇다. 대학은 시간강사를 자기 대학에만 붙들어 둘 수 없고, 시간강사 또한 한 대학에만 붙들려 있어선 안 되는 존재이다. 그들은 자신의 전문 분야를 바탕으로 대학을 넘나든다. 대학을 떠돌아다녀야 하는 시간강사의 조건은 열악하지만, 한편으로는 그들의 이러한 활동이 대학에 생명력을 불어 넣어준다. 만약 대학이 전임교원을 100% 확보하여 소속 전임교원만으로 교육을 한다면 그것은 끔찍한 일이 될 것이다. 대학은 끊임 없이 세상과 소통해야 한다. 시간강사의 존재는 대학의 교육이 밖으로 열려있다는 하나의 증표이기도 하다. 그러므로 전임교원만으로 교육을 한다면, 이는 대학의 죽음을 의미하는 것일 수도 있다. 이러한 시간강사의 특성을 이해한다면, '소속'이라는 관점에서 시간강사의 정의를 정확히 할 필요가 있다. 시간강사는 '특정한 대학에 소속된 강사'가 아니라 '특정 대학에 소속되지 않은 강사'로 정의되어야 한다.

사회는 지금까지 시간강사의 정체성에 대해 합의된 정의 없이 대책만을 논의해왔다. 정체성의 중요한 요소인 시간강사의 소속에 대해서도 마찬가지이다. 하지만 시간강사에 관한 정책의 논의 과정을 살펴보면, 시간강사를 '특정한 대학에 소속된 강사'로 인식하고 있음이 분명하다. 시간강사를 전업시간강사로 인정해서 처우 개선과 신분의 안정을 도모하겠다는 것도 특정 대학에 소속되는 것을 전제로 하고 있다. 시간강사를 지원하는 정부의 연구비 사업들을 봐도 시간강사가 특정한 대학에 소속되도록 유도하고 있다. 예를 들어 2000년대 초반의 보호학문 분야 강의지원사업을 보자. 이 사업은 '학문적으로 가치가 있어 강의 개설이 필요하나 수요가 적어 전임교원 채용을 통한 강의 개설이 곤란한 분야, 대학의 교과과정상 정규 과목으로 설정(예정)되어 있으면서 기초 학문의 발전을 위해 필수적인 분야'를 지원했다. 다른 사업과는 달리 대학에 강의기관지원비로 200만 원을 별도로 책정할 수 있었는데, 이 지원금은 연구자가 의료보험, 국민연금 등 각종 보험(4대 보험)에 가입할 경우에만 지원되었다. 즉 시간강사를 특정한 대학에서 '고용'하도록 하는 효과를 기대하는 정책이다. 그리고 2016년 현재 시간강사 연구지원사업으로 시행 중인 학문후속세대 지원사업도 소속 대학을 기준으로 지원하고 있다.

이처럼 시간강사를 '특정한 대학에 소속된 강사'로 전제하고 만든 정책은 근본적 대책이 될 수 없다. 시간강사는 '특정한 대학에 소속되지 않은 강사'라고 정의되어야 하고, 이를 바탕으로 시간강사를 안정화시키는 정책을 마련해야 한다.

여기에서 시간강사에 대해 다시 한번 생각해보고 인식을 전환할 필요가 있다. 지금까지는 그들의 '소속'에 대해 생각해봤지만 '시간강사'가 어떤 존재인지 그 자체에 대해서는 논의가 부족했다. 우리는 시간강사를 어떤 존재로 인식하고 있는가? 「고등교육법시행령」에는 시간강사를 '교육과정의 운영상 필요한 자'로 규정되어 있고, 국어사전에는 '전임이 아니고 매주 정하여진 시간에만 강의를 하고 시간당 일정액의 급료를 받는 강사'로 풀이되어 있다. 또 한국연구재단의 학문후속세대(시간강사연구지원)사업 신청요강에는 전업시간강사를 '직업을 갖지 않고 시간강사만 전업으로 하는 연구자'라고 정의했다. 시행령의 표현은 너무 애매하고, 국어사전은 단순한 단어의 풀이에 가깝다. 시간강사를 '연구자'라고 명시한 재단의 사업 신청요강의 표현이 그나마 조금 구체적이다. 이들 표현을 자세히 들여다보면 시간강사의 정의를 사회, 특히 대학에서 상대적인 지위나 처우 관점에서만 해석하고 있음을 알 수 있다. 그들이 누구인지에 대해서는 아무런 설명이 없다. 이것이 우리가 지금 시간강사를 바라보는 관점이다.

시간강사에 대한 인식이 너무 편협하다는 생각이 들지 않는가? 시간강사에 대한 생각의 선후를 바꿔볼 필요가 있다. 우선 시간강사의 정체성을 파악하고, 그에 합당한 사회적 지위를 부여하는 것이 순서이다. 그러기 위해서는 시간강사들이 누구인지부터 편견 없이 봐야 한다. 그들은 대학 교육의 한 축을 담당하고 있는 최고 수준의 인재(人才)이다. 그리고 대학의 전임교원에 비해 상대적으로 최신의 학문을 수행하고 있고 국가의 미래를 책임질 인적자원이다.

그렇다면 이제 시간강사의 정의를 '소속'의 관점에 '정체성'을 보태서 좀 더 정확하게 표현해도 좋겠다. 시간강사는 '특정한 대학에 소속되지 않고 대학의 교육과 연구에 기여하는 국가적 인재'이다. 한마디로 표현하면 '시간강사는 국가 인재이다.'라고 정의할 수 있다. 따라서 국가 차원에서 이들을 위한 인적자원 관리 대책을 마련해야 한다. 물론 모든 시간강사가 이 대상에 포함되지는 않는다. 현재와 같이 대학에서 교과목 단위로 강의를 담당하고자 하는 시간강사도 존재한다. 이들을 편의상 '대학시간강사'로 구분하고자 한다. 이러한 대학시간강사는 대학과 시간강사 당사자 간의 양자관계에서 문제를 해결하면 된다. 그런데 정부는 국가적 인적자원의 관리는 하지 않고, 정부에서 나서서 관리할 대상인 시간강사가 아닌 대학시간강사에만 국한된 정책을 추진해왔다. 이것이 정부 정책의 실패 요인이다.

이후 논의할 대상은 국가적 인재에 해당하는 시간강사이고, 국가 차원에서 어떠한 정책을 펼쳐야 하는지 하나의 대안을 제시하고자 한다. 이를 위해 대학과 시간강사 간의 양자관계가 아니라 국가도 당사자로 참여하는 삼자관계 구조에서 해결책을 논의할 것이다. 미봉책이 아닌 새로운 관점에서 근본적 대책을 상상해보는 것도 좋겠다. 물론 현실에 존재하지 않는 새로운 상상이다. '현실적으로 가능할까?'라는 자조 속에서 작은 미봉책들만 논의한다면 희망은 없다. 구차한 전제 조건 없는 유쾌한 상상, 그것은 문제 해결의 방향을 제시하는 보이지 않는 힘이 될 것이다.

국가인재풀 제안

다음 글은 시간강사법이 계속 유예되고 있는 상황에서 신문사에 투고한 내용이다. 시간강사법에 대한 대책을 논의하게 된 계기가 된 2010년의 시간강사 자살 사건 이후로 이 글을 투고했던 2016년 시점까지도 정부는 여전히 똑같은 상황을 반복하고 있었고, 이 글을 쓰고 있는 현시점에서도 마찬가지이다. 그래서 시간강사를 국가인재풀로 활용하자는 제안을 여기에 옮겨 싣고, 이 제안에 대해 좀 더 구체적인 의견을 제시하고자 한다.

시간강사 '국가인재풀'로 활용을[7]

시간강사법 시행이 지난해 또다시 유예됐다. 2011년 법이 제정된 이후에 벌써 세 번째다. 이 법은 주당 9시간 이상 강의하는 전업시간강사에게 교원 지위를 부여하고, 대학은 이들과 1년 단위로 계약해야 한다는 것이 요지다. 하지만 이 법은 애초부터 "교원 지위에 층위를 두고, 일부 시간강사를 가장 하층으로 흡수해 시간강사 문제를 땜질만 하려는 것"이라는 비판을 받아왔다. 시간강사 문제가 '전업시간강사'로 귀결되는 이 해법에는 분명히 문제가 있어 보인다. 시간강사 문제의 해법은 박사급 인재들이 정상적인 연구와 교육을 할 수 있는 안정된 연구자나 교원이 될 수 있는 기회의 폭을 넓혀주는 방향이어야 한다. 인재들이 임시방편의 시간강사로만 전전하게끔 한다면 당사자 개인의 문제를 넘어서 국가적 손실이다. 그렇다면 시간강사의 문제는 당사자나 대학만이 아니라 국가적 인재관리 차원에서 점검하고 해법을 마련하는 것이 마땅하다.

---

7. 경향신문, 2016년 1월 1일 자 기사.

인재들이 안정적으로 연구하고 교육할 수 있는 기회의 폭을 넓힐 수 있는 정책은 무엇일까? 우선 국가에서 직접 고용해 국가인재풀로 활용하는 방안을 고려할 수 있다. 이를 위해 기존 국책연구소의 연구원 정원을 늘려나가는 것도 한 방법이다. 나아가 국가나 대학이 필요하지만 취약한 분야는 국책연구소 신설로 국가인재풀을 구성할 수도 있을 것이다. 이러한 조치는 국가적 역량을 높일 뿐만 아니라 대학과의 인적 교류가 활발해져 학연협력이 강화될 것이다. 국가인재풀을 운영할 재원은 기존의 대학재정 지원사업 중에서 국가인재풀을 통해 그 목적을 달성할 수 있는 사업들을 재조정해서 마련하는 것도 방법이다. 예를 들면 대학특성화(CK)사업, 인문한국(HK) 지원사업, 학부교육선도대학(ACE) 육성사업 등과 같이 정부가 재정지원을 통해 고등교육 정책 방향을 조율하고 대학의 특성화와 구조 개혁을 유도하고자 하는 성격의 사업들이 대상이 될 수 있다. 대학에 재정지원을 하는 사업은 단기적 성과에 치중할 수밖에 없지만 국가인재풀을 통한 인적 지원은 이러한 단점을 보완할 수 있다. 또한 정부는 국가인재풀을 통해 대학 교육의 특성화와 공공성을 확보할 수 있는 장점이 있다. 시간강사 문제 해결을 위한 대학 자체의 노력도 중요하다. 대학이 배출한 인재들을 단지 시간강사로서만 활용하려 할 것이 아니라 이들이 안정적이고 지속적으로 연구하고 교육할 수 있도록 자구책을 마련해야 한다. 그리고 국책연구소나 대학이 인재를 적극적으로 끌어안는 노력을 한다 하더라도 여전히 시간강사의 존재는 서로에게 필요하다. 따라서 대학은 당연히 이러한 시간강사들의 처우 개선을 위해 지속적인 노력을 해야 한다. 공자는 '활쏘기는 군자와 비슷함이 있으니, 정곡을 맞히지 못하면 돌이켜 자기의 몸에서 원인을 찾는다.'고 했다. 세 번씩이나 법을 유예하고서도 같은 자세로 활을 쏘고자 한다면 그 화살은 여전히 정곡을 맞히지 못할 것이다. 시간강사 문제의 본질이 무엇인지, 그리고 그 해법이 정곡을 향해 날아가고 있는 것인지 진지한 고민이 필요한 시점이다.

국가인재풀 운영 방식을 정리하면 다음과 같다.

- 원칙: 박사급 우수 신진 인력을 국가에서 고용
- 소속: 정부출연연구기관이나 국립대학 또는 별도의 조직 신설(예: 국가교수단)
- 규모: 현재의 전업시간강사를 수용할 수 있는 수준(2~4만여 명 정도)
- 의무: 대학 교육과 연구의 지원을 의무화

국가인재풀은 시간강사를 국가에서 채용하여 대학의 교육 및 연구를 지원하도록 하는 제도이다. 국가 인재를 채용할 수 있는 조직으로는 기존의 정부출연연구기관이나 국립대학을 우선해 고려하고, 필요하면 국가교수단과 같은 별도의 조직을 신설할 수도 있다. 국가인재풀은 소속 기관에서 제 역할을 수행함은 물론 국내 대학의 교육과 연구를 지원한다. 대학은 기존 시간강사가 담당하던 강의를 국가인재풀을 통해 지원받는다. 이 제도는 우수 교수 또는 연구 인력을 국가가 채용하여 대학 또는 연구기관에서 특정 기간 근무하게 하면서 연구와 강의 활동을 보장해주는 브레인풀제도(brain pool system)와 유사한 면이 있다. 브레인풀제도가 기존 국가 인재의 재배치에 가까운 것이라 한다면, 국가인재풀은 시간강사를 국가 인재의 보고(寶庫)로 탈바꿈시키고자 하는 것이다.

국가인재풀 실천 전략은 다양한 방법으로 조합이 가능하다. 국가에서 채용하는 방식은 물론 자격 조건, 규모, 지원 수준, 교육 및 연구 의무 조건, 소속 방식 등에 따라 다양한 정책을 펼 수 있다. 이는 빛의 양, 시간, 각도, 프레임 등의 다양한 카메라 렌즈 조건을 변화시켜 최적의 영상을 만들어내는 것과 같다. 단, 여기서 제시된 한 가지 경우의 수에 너무 집착해서 목표가 흐려져서는 안 된다. 즐거운 상상을 중단시키는 가장 간단한 방법은 지엽적 편견에 집착해서 거기에 머물러버리는 것이다.

국가인재풀 실현을 위해 넘어야 할 산은 크게 두 가지이다. 첫째는 왜 시간강사를 대학이 아닌 국가에서 고용해야 하는지에 대한 합리적인 이유를 찾는 것이고, 둘째는 국가에서 이들을 고용할 재원이 있는가 하는 것이다. 이 두 가지 문제에 대해 부분적으로 집착하면 반대 논리는 많다. 하지만 대학 교육의 공공성과 국가적 차원에서의 인적자원 관리 측면에서 보면 국가인재풀 운영은 지금의 상황보다 훨씬 더 좋은 결과를 가져올 가능성이 높다. 또한 재원 문제는 정부가 대학에 재정 형태로 지원할 것인지 아니면 시간강사와 같은 인적자원을 제공할 것인지 하는 선택의 문제이지 재원의 부족 문제는 아니다.

국책연구소와 대학과의 관계

정부출연연구기관, 즉 국책연구소는 「정부출연연구기관 등의 설립 · 운영 및 육성에 관한 법률」과 「과학기술 분야 정부출연연구기관 등의 설립 · 운영 및 육성에 관한 법률」을 법적 근거로 하여 설립된 연구기관이다. 이 연구기관들은 연구 분야에 따라 경제 · 인문사회연구회나 국가과학기술연구회 중 한 곳에 속해 있다. 경제 · 인문사회연구회 산하에는 한국개발연구원(KDI), 한국교육개발원(KEDI) 등 총 23개(2016. 12. 23. 경제 · 인문사회연구회 정관 기준)의 경제 · 인문사회 분야 연구기관이 있고, 국가과학기술연구회 산하에는 한국과학기술연구원(KIST), 한국기초과학지원연구원(KBSI) 등 총 19개(2014. 12. 8. 과학기술연구회 정관 기준)의 과학기술 분야 연구기관이 있다.

이와 같은 국책연구소에서 국가 인재인 시간강사를 흡수하는 것이 시간강사의 문제를 해결하는 근본적인 대책 중의 하나가 될 수 있다. 국책연구소의 연구원과 시간강사에게 필요한 역량은 거의 동일하다. 그리고 연구기관에서의 연구를 수행한 경험은 대학의 교육과 연구에도 도움이 된다. 전업시간강사는 연구기관의 연구원에 비해 시간이 갈수록 대학의 교육이나 연구에 있어 경쟁력이 떨어질 수밖에 없다. 지속적으로 연구를 수행할 수 있는 안정적 조직이 없는 시간강사는 아무리 노력해도 개인의 한계를 벗어날 수 없다.

대학과 연구기관 간의 학연협력이 강화되어야 한다는 것에 대해서는 정부는 물론 대학과 연구기관도 모두 절대적으로 동의한다. 따라서 시간강사를 전업시간강사로 전환하려는 정책보다는 우선 국책연구소에서 흡수하고, 대학은 국책연구소와 학연협력을 강화하는 정책으로 바꿔야 한다. 이를 위해서는 정책 간 연계를 통해 근본적이고 고차원적인 정책을 펼칠 수 있는 지혜가 필요하다. 2014년 기준으로 정부연구개발 투자의 23.3%(41,023억 원)만을 사용하는 대학에 전체 박사급 인력의 61.30%(56,492명)가 집중된 반면, 47.5%(83,754억 원) 재원을 사용하는 공공 연구기관에는 전체 박사급 인력의 17.85%(16,449명)만 있다.[8] 시간강사는 이러한 정부의 연구개발 투자와 박사급 인력의 불균형을 완화하면서, 동시에 학연협력

---

8. 국가과학기술지식정보서비스(www.ntis.go.kr)의 자료

강화를 통해 국가경쟁력을 높일 수 있는 중요한 인적자원이 될 수 있다.

학연협력을 강화할 수 있는 정책 중의 하나로「산업교육진흥 및 산학연협력촉진에 관한 법률」(이하 산촉법이라 함)에 근거하여 2012년 1월 25일부터 시행된 학연교수제도가 있다. 학연교수란 '대학과 연구기관의 합의에 의하여 두 기관 모두에서 교육 및 연구활동을 수행할 수 있도록 인정한 사람'을 말한다. 이를테면 국책연구소 연구원이 신분을 유지한 상태로 대학의 교원이 되거나, 또 대학의 교원이 신분을 유지한 상태로 국책연구소의 연구원이 되어 양쪽 기관에서 교육 및 연구활동을 하는 것이다. 대학의 경우 기존의 겸임교원보다 한 차원 높은 학연협력 모델이다. 시간강사의 경우 국책연구소에 원소속을 두고, 대학에서는 학연교수로 겸직할 수 있는 최적의 제도인 것이다.

대학과 국책연구소가 학연교수제도를 통해 대학원을 만들기도 한다. 고려대학교가 2013년에 설립한 전문대학원인 KU-KIST 융합대학원은 이 제도를 활용해 만든 최초의 사례이다. 이 대학원은 고려대학교(KU)와 한국과학기술연구원(KIST)이 각각 동수로 임명한 학연교수로 교수진을 구성하고, 양 기관에서 등록금과 장학금 등을 분담하고, 교육 및 연구시설을 최대한 공유한다. 나는 이 대학원의 설립을 기획하는 데 참여하였고, 설립 이후 2년간 대학원 운영 담당자로 근무한 경험이 있다. 학연협력의 방향과 철학에 공감했기에 2차원적인 관행적 행정을 극복하고 3차원적인 학연협력을 위해 최선을 다했다. 앞서 소개한 학번에 대한 이야기나 입학식과 졸업식 행사 이야기도 이 대학원에서의 행정 경험담이다.

대학원에서 행정 업무를 하며 학연교수를 통한 학연협력의 가능성을 봤다. 양 기관의 연구원과 교수진이 서로의 경계를 넘나들어 협력할 수 있다는 희망을 봤고, 양 기관의 연구와 교육 인프라를 활용해 시너지를 높일 수 있는 희망을 봤고, 학생들이 학교와 연구소를 공간적 · 학문적으로 넘나들어 융합적 지식인이 되어 가는 희망을 봤다. 물론 대학은 대학이고, 연구기관은 연구기관이라는 2차원적 고정관념의 벽은 매우 두껍고 높았다. 그 벽은 우리를 둘러싼 조직과 각 개개인의 일상적인 행동과 상식 속에 존재하고 있다. 학연교수가 국책연구소에, 또 국책연구소 연구원이 대학에 연구실 한 칸이라도 확보하기 위해서는 각 기관과 개개인의 수많은 고정관념을 극복해야만 한다. 이보다 더 높은 것은 정부 부처의 고정관념이다. 교육부는 국책연구소가 원소속인 학연교수를 대학의 전임교원으로 인정하지 않는다. 산촉법에 관한 근거와 학연교수제도를 만든 정부의 취지를 설명해도 교육부는 요지부동이다. 대학과 연구기관은 엄연히 다르다는 고정관념과 정부의 각 부처 간 불협화음이 정부의 학연협력 정책 방향과 개선 의지를 스스로 꺾는다. 정부의 한쪽 부처에서는 산학연을 촉진하겠다고 학연교수제도를 만들어 적극적으로 추진하면서 다른 한쪽 부처에서는 시간강사를 대학에서 전업시간강사로 직접 고용하도록 압박하고 있는 경우도 크게 보면 고정관념과 부처 간 불협화음의 소산이다. 큰 정책을 펼칠 수 있는 정부의 혜안이 필요해 보인다.

시간강사를 국책연구소로 흡수하여 국가인재풀을 강화하는 것은 학연협력뿐만 아니라 국가에 그 자체로 큰 힘이 된다. 정부는 정부기관의 여러 보직에 대학교수를 임명하거나 정부 정책에 필요한 각종 국책 연구를 대학에 상당 부분 의존한다. 국책연구소의 인재풀 확대는 이러한 정부의 대학 의존도를 줄여줄 수 있다. 국책연구소 자체에서 인재풀을 충분히 갖추고 있으면 중국의 동북공정 정책에 뒤늦게 허둥대면서 연구소를 급조해 만들거나, 국가의 중요한 정책들을 졸속으로 펼치는 일들이 줄어들 것이다.

또한 국책연구소는 대학의 연구실과는 다른 장점이 있어 상호 보완적인 연구 결과를 만들어낼 수도 있다. 대체로 대학은 교수를 정점으로 연구원, 학생으로 이어진 수직적 연구체계를 가지고 있는데 이는 연구를 수행하면서 동시에 후학을 양성해야 하는 대학의 특성 때문이다. 이러한 대학의 연구실 구조는 의외로 학문 간 공동 연구에 취약할 수 있고, 교수가 학문적으로 고립될 수도 있다. 반면에 국책연구소는 가능성이 있는 시간강사를 많이 흡수하여 다양한 분야의 미래 석학들로 조직원을 구성해 다른 분야와 쉽게 연결되는 수평적 조직문화를 만들 수 있는 장점이 있다. 이러한 국책연구소가 연구 분야에서 대학과 선의의 경쟁을 한다면 상호 긍정적인 결과를 기대할 수 있을 것이다.

국립대학의 역할

시간강사를 대상으로 한 국가인재풀의 또 다른 거점으로 국립대학을 활용할 수 있다. 이를 위해서는 국립대학이 자기 대학만의 교육을 전담하는 것이 아니라 다른 대학의 교육을 지원하도록 의무화해야 한다. 관점을 조금만 바꿔 생각해보면 당연히 해야 하는 일임에도 불구하고 국립대학은 이러한 의무를 전혀 하지 않고, 오히려 사립대학과 치열한 경쟁을 하는 관계이다. 국가의 지원을 받는 국립대학과 사립대학의 경쟁은 근본적으로 불공정한 것일 뿐만 아니라 모두가 패자가 되는 게임이다.

잠시 서울대학교를 생각해보자. 서울대학교가 가장 우수한 학생들을 독점하고 다른 대학들과 경쟁하는 것이 바람직한가? 서울대학교는 왜 서울대학교 학생들만 가르칠까? 사립대학에 이러한 물음은 의미가 없다. 사립대학은 그 조직을 위해 최선을 다하는 것이 마땅하고 그렇게 하는 것이 국가의 교육경쟁력을 위해서도 바람직하다. 하지만 국가의 지원을 받는 국립대학은 달라야 한다. 정부는 국립대학을 통해 국가 전체의 교육경쟁력을 높이는 역할이 무엇인지를 고민해야 한다. 그것은 분명 국가의 지원을 받아 다른 대학과 불공정한 경쟁을 하는 역할은 아닐 것이다.

혹자는 서울대학교의 문제점을 거론하면서 대학 폐지를 주장하지만 이는 잘못된 생각이다. 최고의 교육 환경을 만드는 것은 국가적으로도 바람직한 일이다. 문제는 국립대학의 우수한 교수진과 인프라 등의 혜택이 특정한 집단에게만 돌아가는 잘못된 구조에 있다. 따라서 대학 폐지라는 극단적 논리에서 문제의 해결책을 찾을 것이 아니라 서울대학교를 비롯한 국립대학의 역할을 경쟁이 아닌 지원과 상생으로 전환해야 한다. 이 무한경쟁 구도를 협력 상생하는 구도로 전환하기 위해서는 국립대학이 변해야 하고, 국가인재풀은 그런 변화의 출발점이 될 수 있다.

국가인재풀을 바탕으로 국립대학이 다른 대학의 교육을 지원하는 방법은 두 가지이다. 하나는 다른 대학에 교수자원을 직접 지원하는 것이다. 국가인재풀을 통해 다른 대학에 출강해서 강의를 직접 하는 방식이다. 또다른 한 가지 방법은 학점 교류를 통해 다른 대학 학생들을 국립대학으로 받아들이는 것이다. 전자는 교수가 이동하고, 후자는 학생이 이동하는 방법이다.

국립대학(특히 서울대학교)은 '비움과 열림을 통한 소통'의 실천이 필요하다. 국가인재풀을 늘리는 동시에 자신들의 학생 수를 줄여 다른 대학의 학생들을 받아들일 강의실을 마련하는 노력을 구체적으로 실천해야 한다. 그렇게 여유가 생긴 강의실에 다른 학교 학생들을 많이 오게 해서 한 과목 또는 한 전공 과정을 이수할 수 있도록 해야 한다. 국립대학이 이렇게 다른 대학을 지원하는 역할을 하게 되면 국립대학을 중심으로 각 대학들이 서로 연결되고 협력하는 관계로 변화될 것이다. 이는 결과적으로 우리나라 전체 대학 수준을 한 단계 높여 줄 것이고, 대학서열화, 입시지옥 등의 고질적인 문제를 해결하는 효과도 기대할 수 있을 것이다.

국가인재풀의 꿈

국가인재풀은 대학을 어떻게 변화시킬까? 첫째, 국가가 대학 교육의 가장 중요한 요소인 교수자원을 대학에 지원함으로써 교육의 공공성을 강화할 수 있다. 사립대학에 주로 의존하는 국내 대학 교육의 특수한 현실에 비추어 볼 때 국가인재풀을 통한 지원은 교육의 공공성을 확보하는 좋은 방법이다. 정부가 국가적으로 필요하다고 판단되는 교육을 재정지원사업을 통한 간접적 방법이 아니라 국가인재풀을 통해 직접적으로 달성할 수 있기 때문이다.

둘째, 국책연구소나 국립대학에 소속된 국가인재풀은 특정한 대학에 소속되지 않고 대학을 넘나들며 교육을 담당함으로써 학문 발전에 매개체 역할을 할 것이다. 시간강사를 어느 특정 대학 소속으로 안정화시키고자 하는 것은 거시적인 관점에서 보면 시간강사에 의한 대학의 소통 효과를 차단해버리는 결과를 가져온다. 대학은 교수자원이 끊임없이 외부에서 유입되도록 한다. 하지만 대학 전임교원이 다른 대학에 가서 강의하는 일은 극소수에 불과하다. 어떤 의미에서는 그들은 이미 대학 안에 갇힌 존재이고, 그들만의 교육은 닫힌 교육일 수 있다. 시간강사는 이러한 닫힌 교육 환경에서 일정 부분 숨통을 틔워주는 역할을 해왔다. 시간강사를 활용한 국가인재풀은 나비가 꽃과 꽃 사이를 날아다녀 수정하듯 대학을 넘나들어 대학에 새 생명의 씨앗을 심어줄 것이다.

셋째, 국가인재풀은 대학의 폐쇄적인 교수 채용 방식에 긍정적인 변화를 줄 수 있다. 정부에서 국책연구소나 국립대학에서 국가적 인재를 초빙할 때 합리적이고 이상적인 원칙과 절차에 따른다면 많은 대학들이 정부의 운영 사례를 벤치마킹할 것이다. 또한 국가인재풀은 시간강사가 대학교수로 진출할 수 있는 발판이 될 수 있다. 현재는 학위과정을 마치고 시간강사 생활을 거쳐 대학교수가 되는 것이 일반적이다. 하지만 앞으로는 학위과정을 마치고 국가교수단을 거쳐 대학교수가 되는 것이 또 다른 경로가 될 수 있다.

국가인재풀을 실현하기 위해서는 정부와 대학의 행정 역량이 가장 중요하다. 궁극적인 해결 방안을 찾지 못할 때, 생각이 멈추는 지점에서 숨을 가다듬고 주위를 좀 더 넓고 깊이 들여다볼 여유가 필요하다. 국가인재풀을 실현하려면 법령 제정에서부터 예산, 공간의 확보, 국립대학의 변화, 국가 교육의 지원 방법, 관계 부처 · 대학 · 개인 간의 이해관계 조정 등 수많은 소통의 기술들과 행정력이 요구된다. 하지만 덩치만 크고 바보인 조직은 쉽게 우리의 생각만큼 움직여주질 못할 것이다. 그래서 이러한 즐거운 상상은 '현실적으로 어렵다. 시간을 가지고 검토해보겠다.'라는 몇 차례의 말에 꺾이게 된다. 우리는 이런 결과를 이미 알고 있기 때문에 스스로 꿈을 포기하고 '현실 가능한' 미봉책에 만족해한다. 덩치만 큰 바보 조직이 실현 가능한 꿈을 비현실로 만들어버리는 것이다. 개미는 더듬이를 맞대어 완전한 소통을 이룬다고 한다. 때로는 개미 사회가 부럽기도 한 이유이다. 인간에게 이러한 소통의 기술이 있다면 국가인재풀의 꿈을 이룰 수도 있지 않을까?

제2장

대학의 자치권

대학 자율의 의미

대학은 그 자체로 하나의 사회이다. 다른 사회에 비해 특징적인 것은 학문의 자유가 필요한 곳이고, 그에 따라 대학사회의 자율, 즉 자치권이 상대적으로 더 보장된다는 점이다. 그렇다고 국가로부터 법적으로 명문화된 치외법권을 인정받은 것은 아니다. 때에 따라서 대학의 자치권과 국가의 사법권이 혼선을 빚거나 충돌하기도 한다. 학문의 자유를 위해 자치권을 행사하다 보면 때로는 국가의 사법권 영역에 들어서 있기도 하고, 반대로 국가의 사법권이 학문의 자유를 침해하기도 한다. 대학과 사회는 이렇게 불분명한 경계선에서 항상 역동적으로 움직인다. 그래서 대학이 어떤 권한을 가져야 하고, 또 어떤 힘으로부터 지켜져야 하는지, 대학은 항상 스스로 고민해야 한다. 그렇지 않으면 대학은 스스로의 힘을 올바르게 사용할 수 없을 것이고, 학문의 자유 또한 지켜내기 어려울 것이다. 고민의 출발점으로서 대학의 자율이란 무엇인지부터 되돌아보는 것도 좋겠다.

대학의 자율이 필요한 것은 그것이 학문의 자유를 보장하는 토대이며 울타리가 되기 때문이다. 학문이 자유 없이 대학의 자주와 자율이 지켜지기 어렵지만, 대학의 자율 없이 학문의 자유를 기대하기란 더더욱 어렵다. 대학의 자유란 '스스로 다스린다'(self-government)는 것을 바탕으로 한다. 하지만 이런 자주적 다스림이 무엇이나 할 수 있는 자유를 의미하지는 않는다. 제도적으로 대학의 자율이란 학위수여, 학생의 입학과 졸업, 교과 과목과 과정, 시험실시, 교육내용 등이 스스로의 규율에 따라 자신의 공부분야와 연구를 선택할 자유를 갖고 그것이 방해받지 않으며 대학에 속하면서 대학으로부터 독립적으로 공존할 수 있는 권리를 뜻한다. 교수의 경우 대학의 자율은 곧 자신의 학자적 양심에 따라 연구영역이나 강의가 타자로부터 방해받거나 침해받지 않고 학문탐구나 생활이 이루어질 수 있도록 하는 제도적 보장을 의미한다.

이석우, 『대학의 역사』, 한길사, pp. 414~415.

대학의 자율이 필요한 근본적인 이유는 학문의 자유를 보장하기 위한 것이다.[9] 그런 의미에서 대학은 자유와 스스로 다스릴 수 있는 권리, 즉 대학의 자치권이 최대한 보장되어야 한다. 주목할 점은 학문의 자유를 위해 보장된 대학의 자주적 다스림이 '무엇이나 할 수 있는 자유를 의미하지 않는다'고 선을 긋고 있다는 것이다.

대학 구성원은 누구나 대학의 자율성을 강조하지만 그 한계에 대해서는 깊이 생각해보지 않으려 한다. 자율성은 조직 구성원의 끊임없는 의지를

---

9. 『캠퍼스 편지』에서 '학문의 자유'를 '학문권'이라는 용어로 표현하고, 사회에서의 3권분립과 같이 대학에서 학문권의 독립이 필요함을 주장한 바 있다.

통해 확보되고, 반대로 이를 제한하고자 하는 힘은 조직 외부에서 밀려 들어온다. 하지만 대학의 자율과 그로부터 파생된 자치권은 분명히 그 한계를 가지고 있고, 그 한계 너머에는 사회적 규범이 둘러싸고 있다. 대학의 자치권을 제대로 활용하기 위해서는 자치권이 모든 것을 할 수 있는 자유가 아니란 걸 자각할 수 있는 능력이 필요하다.

대학 자치권의 심판

대학에서 흔히 발생하는 사례를 통해 대학의 자치권과 사회적 규범의 관계에 대해 생각해보자. 2006년 4월 5일 K 대학교 본관에서 한 사건이 발생했다. 이 사건에 대해 학생들은 단순한 농성이라고 주장하지만 학교는 교수를 감금한 심각한 사건이라고 인식했다. 학교는 결국 자체 절차를 통해 이 사건을 주동한 학생들에게 출교라는 징계 조치를 했다. 출교는 학교에서 영구 제적되는 것이어서 추후 학교에 다시 재입학할 기회가 있는 퇴학보다도 수위가 높은 가장 강력한 징계이다. 하지만 학생들은 이 출교 처분이 부당하다며 법원에 무효 확인 소송을 제기했고, 학교와 법정 공방을 벌였다. 제삼자의 시각에서 정리해본 출교 사태 일지는 다음과 같다.

출교 사태 일지, 동아일보, 2007년 10월 4일 자 기사.
- 2006년 4월 5일: 오후 2시 30분께 고려대생 100여 명이 본관 2~3층 사이 계단에서 보직교수 9명 등을 가로막고 고려대 병설 보건대생의 총학생회 투표권 인정 등을 요구하면서 17시간 동안 농성

- 4월 6일: 오전 7시 30분께 처장단과의 면담 성사 뒤 해산

- 4월 14일: 고려대, 1차 상벌위원회 개최

- 4월 17일: 고려대, 2차 상벌위원회 개최

- 4월 19일: '교수감금' 사태 주동자 중 7명 출교 조치, 5명 유기정학 1개월, 7명 견책 1주일 등 대학 측의 징계 발표

- 4월 20일: 출교 조치된 고려대생 7명, 삭발하고 본관 앞에서 천막농성 시작

- 5월 16일: 컴퓨터교육학과 ○○○ 교수 등 사범대 교수 5명, 출교 조치 철회촉구 성명서 발표

- 5월 30일: 사회학과 △△△ 교수 등 문과대 교수 44명, 대학 홈페이지에 학교 측 징계 조치를 비판하는 성명서 발표

- 7월 28일: 출교생 7명, 고려대 학교법인(고려중앙학원)을 상대로 서울중앙지법에 출교 처분 무효확인 소송을 제기

- 12월 20일: 고려대, 출교생들의 천막농성 철회를 요구하는 천막 철거 및 대지 명도 소송을 서울중앙지법에 제기

- 2007년 4월 19일: 고려대 졸업생 일부, 출교 조치 1주년 맞아 징계 철회를 촉구하기 위해 졸업장 반납 운동 시작

- 9월 19일: 서울중앙지법 민사27단독, 천막 철거 등 소송에서 출교생들에게 본관 앞 천막을 철거하라고 판결

- 10월 4일: 서울중앙지법 민사합의41부, 출교 처분 무효확인 소송에서 출교 조치가 부당하다며 원고 승고 판결

언론에서 정리한 이 일지는 겉으로 드러나는 행동과 상징적인 조치들에 초점이 맞춰져 있어 다수의 관점과 기본적인 정서가 배제될 수 있다는 점

을 고려해야 한다. 당시의 재학생이나 교우들은 스승을 감금한 이 행위에 대해 매우 분노하고 있었고, 관련된 학생들이 사죄할 것을 촉구하는 분위기였다. 하지만 날카로운 송곳이 부드러운 표면에 상처를 입히듯, 소수의 자극적인 행동이 역사의 기록으로 남게 될 확률이 높다.

출교 조치가 부당하다는 법원의 판결에 따라 학교는 어쩔 수 없이 출교를 철회하고, 학생들에게 출교보다 한 단계 낮은 수위의 징계인 퇴학 조치를 내렸다. 학교가 이 사건에 대해 얼마나 강력한 의지를 가지고 있었는지를 보여주는 대목이다. 하지만 이 조치마저도 법원의 판결을 받아야 했다.

> 법원 "고대 '출교생' 퇴학도 무효", 연합뉴스, 2009년 1월 21일 자 기사.
> "형평성 상실…징계권 남용"
> '교수 감금' 사태로 출교 조치됐다가 법원을 통해 구제된 고려대 학생들에게 다시 내려진 퇴학 처분도 무효라는 법원 판결이 내려졌다. 서울중앙지법 민사합의11부(이내주 부장판사)는 21일 고려대 '출교생'이었던 강모씨 등 7명이 제기한 퇴학 처분 무효확인 소송에서 강씨 등에 대한 퇴학 처분이 무효라고 판결했다. 재판부는 "강씨 등의 잘못이 이미 유기정학을 받은 학생들과 비위 정도에 있어서 큰 차이가 없다고 보여 학생의 지위를 상실케 하는 것은 교육 목적 달성에 별다른 도움이 안 된다고 판단된다."고 밝혔다.
> 또 "이들의 가담 정도가 크다고 보기 어렵고 학교 측이 징계 사유로 든 행위에 강씨 등이 모두 가담했다고 볼 증거도 없으며 비록 학생들에게 주된 책임이 있지만, 감금 상태가 길어진 데는 학교와 교수도 일부 기여했다"고 판시했다. 이어 "징계권 행사는 목적이 정당해야 할 뿐 아니라 형평성도 확보돼야 한다."며 "퇴학 처분은 형평성을 상실해 징계권 남용에 해당한다."고 덧붙였다.

강씨 등은 2006년 고려대 병설 보건전문대생의 총학생회장 선거 과정에서 일어난 교수 감금 사태로 출교 처분을 받자 소송을 제기해 "징계가 절차상 정당성을 잃었다."는 판결을 받아냈다. 이들은 이후 학교 측이 징계 수위를 퇴학으로 변경하자 이를 무효로 해달라며 가처분 신청과 소송을 제기했으며 지난해 3월 법원은 '퇴학 처분 무효확인 소송의 판결이 확정될 때까지 처분의 효력을 정지한다.'고 결정했다.

결국 교수 감금 사건에 대해 대학이 학생들에게 내린 출교와 퇴학 조치가 법원에서 연속적으로 제동이 걸림에 따라 학생들은 다시 학교를 다니고 졸업함으로써 이 사건은 종결되었다. 이처럼 2006년부터 2009년까지 긴 시간을 들여 법정에서 심판을 받아야 했던 대상은 무엇이었을까? 대학과 사회는 이 질문을 무심히 흘려버렸다. '심판의 대상'을 중점에 두고 생각을 전환해보면 대학의 자치권과 사회적 규범의 관계에 대해 생각해볼 수 있게 된다. 이 관점에서 사건을 다시 정리해보자.

학생들은 자신들의 행동을 단순한 '대치 상황'이라고 주장했지만, 학교는 '교수 감금'이라는 중대한 문제로 인식했다. 여기에서 대학은 이 사태를 해결하는 데 두 가지의 방법을 쓸 수 있다. 하나는 대학의 자치권으로 내부 징계를 하는 방법이고, 다른 하나는 교수 감금 행위를 사회적 규범에 따라 해결하는 것이다. K 대학교가 선택한 방법은 첫 번째의 방법이었다. 그래서 대학 내의 자체 징계 절차를 통해서 학생들에게 가장 무거운 징계인 출교 조치를 내렸고, 해당 학생은 이 출교 조치가 부당하다며 법원에 소송을 제기했다. 결국 법원이 심판해야 할 대상은 학생들의 행위에 대한 위법성 여부가 아니라 대학이 학생들에게 출교나 퇴학 처분을 내린 행위,

즉 대학의 자치권에 대한 정당성 여부에 관한 것이었다.

　대학의 자치권이 법원에서 심판의 대상이 된 이 사건은 대학 자치권의 한계에 대해 생각해보는 중요한 사례가 되었다. 대학은 이 사건을 소중한 경험으로 간직하고 자치권을 행사하는 데 있어서 항상 유념할 필요가 있다. 또 대학의 자치권이 국가의 사법권과 좌충우돌하는 사이에 정작 사건의 중요한 본질은 놓쳐버린 점도 간과해서는 안 된다. 이 사건은 법원에서까지 공방을 벌였지만 정작 사건 자체의 위법성에 대해 논의되지 않은 것은 아마도 학교라는 특수한 상황이 고려되었을 것이다. 이는 법원이나 사회가 대학의 자치권을 어느 정도 인정하고 있고, 필요하면 이 자치권으로 학생들을 징계할 것이라 기대하고 있기 때문이다. 만약 대학의 자치권이 인정되지 않는 상황이었다면 법원은 마땅히 이 사건에 직접 개입을 했을 것이다.

대학의 자치권과 국가 사법권의 경계

　교수 감금 사건에 대한 법원의 제동은 전적으로 K 대학교가 자치권을 행사할 능력이 부족해서 빚어진 결과인가? 물론 대학의 능력 부족을 탓할 수도 있지만, 그것이 근본적인 원인은 아니다. 따라서 이 사건이 대학의 자치권 내에서 해결될 수 있는 것이었는지 해결의 출발점에서부터 관점을 바꾸어 다시 생각해볼 필요가 있다.

　대학이 학생에게 가장 무거운 징계인 출교를 내리게 된 원인은 학생들의 '교수 감금'이라는 행위 때문이다. 누군가를 감금한다는 것은 사회적 규범의 범주에서 봤을 때는 중대한 범죄행위에 해당한다. 따라서 대학이 '교수 감금'이라고 인식한 사건에 대해 징계 조치를 하려면, 대학의 자치권보다도 사회적 규범 차원에서 우선 다루어져야 한다. 그렇지 않으면 대학이 이 사건을 수사할 수 있는 권한과 능력을 갖춰야만 한다. 그러나 대학은 그러한 권한과 능력을 갖추고 있지 못하다. 또한 대학 캠퍼스 안에서 벌어진 일이라고 해서 특별히 보호받을 수 있는 면책특권을 누릴 수 있는 것도 아니다.

대학이 형태를 갖추기 시작한 중세시대에는 한때 일부 대학에서 교수와 학생들을 시민적 사법관할권으로부터 면제시켜주기도 했었다. 초창기 옥스퍼드대학교도 그랬다. 1214년 교황의 특사가 옥스퍼드대학교에 파견되어 만든 제정서[award]에는 집세 조정 문제, 매년 시가 지불할 배상금, 성직자에 준하는 면책특권, 음식 가격의 조정 등의 항목들이 포함되어 있었다. 반대로 대학의 자율·자주권을 빼앗아가는 조처도 있었다. 프랑스 왕 샤를 7세, 샤를 8세, 루이 12세에 의해 1455년, 1488년, 1498년에 취해진 조치들로 학생들이 민사상의 면책을 얻어 재판관을 선택할 수 있었던 제 권리를 전적으로 폐기시켰다. 바꾸어 말해 대학생들에 관한 사법관할권을 모두 프랑스 최고 법정 아래 둠으로써 학생들의 면책특권을 없애고 일반 시민과 똑같은 사건으로 취급하게 된 것이다.[10]

지금은 중세시대가 아니다. 어디에서나 누구에게나 법이 공평하게 적용되는 민주주의 사회이다. 어느 조직에서도 그 조직의 자율권이 법보다 우위에 있을 수 없다. 대학의 자치권 역시 마찬가지이다. 따라서 대학의 자

---

10. 중세 대학의 사례는 『대학의 역사』(이석우)에서 참조하였음.

치권과 국가의 사법권 사이의 경계선은 어디쯤엔가 반드시 존재하게 된다. 대학은 이 경계선이 어디쯤인지 항상 고민해야 한다. 무조건 교육적 차원이라는 보호막으로 범죄까지 덮어두려고 해서는 안 된다. 시험에서 커닝을 하다가 적발되었다면 담당 교수의 권한으로 학점을 주지 않을 수도 있고, 자체 징계위원회를 열어서 적절한 징계를 할 수도 있다. 때론 단순한 커닝을 넘어서 심각한 범죄행위가 일어나는 경우도 있다.

실제로 대학 편입학시험에서 수험생들이 무전기 등을 이용하여 조직적으로 수년간에 걸쳐 부정행위를 벌인 사건이 있었다. 대학이 자체적으로 적발한 것이 아니라 경찰의 수사에 의해서 발각되었다. 명백한 범죄행위였다. 그들은 형사처분되었을 뿐만 아니라 입학이 취소되고, 이미 졸업한 학생들은 학적이 말소되었다.

만일 이 행위가 경찰의 수사에 의해서가 아니라 시험감독을 하는 교수에게 들켰다면 대학은 어떻게 할 것인가? 대학 자체의 징계위원회에서만 징계하고 말 것인가? 물론 그렇게 처리했을 수도 있다. 교수 감금 사태의 경우와 같이 대학은 학생들이 중징계를 받을 만한 잘못을 했다고 판단하고, 그들의 입학을 취소하거나 학적을 말소했을 것이다. 문제는 대학이 학생들을 고발하여 법적 심판을 받도록 했을 것인가 하는 것이다. 대학이 어떤 조치를 했을지는 교수 감금 사태를 보면 어렵지 않게 짐작할 수 있다. 대학은 부정행위에 대해 자체 징계로 끝내고 법적 조치는 하지 않았을 가능성이 높다. 그러면 학생들은 징계 무효확인 소송을 할 것이고, 법원은 이들의 손을 들어주었을지도 모른다. 이는 현실적으로 가능한 추론이다. 교수 감금 사태가 이를 충분히 증명해주고 있기 때문이다.

이제 대학이 갈림길에서 고민했어야 했던 순간으로 되돌아가보자. 학교는 학생들의 농성을 '교수 감금'이라는 중대한 문제로 인식했다. 대학은 이 사태를 해결하는 데 두 가지의 선택 가능한 길 위에 다시 섰다. 하나는 대학의 자치권으로 내부에서 징계하는 방법이고, 다른 하나는 교수 감금 행위를 사회적 규범에 따라 해결하는 것이다. 이 결정의 순간에서, 학교는 자신들이 선택하지 않았던 두 번째의 방법, 즉 자신의 자치권을 유보하고 우선 사법당국에 이 사건을 의뢰하는 방법을 선택하는 것도 가능하지 않았을까? 이 경우 예상되는 결과는 편입학 부정행위 사건의 과정을 참고할 필요가 있다. 출교 사태 사건이 학생들이 주장하는 바와 같이 단순한 교수와 학생 간의 대치였는지 교수 감금이었는지, 교수 감금이라면 어느 정도 죄가 인정되는지 등이 법에 따라서 가려질 것이다. 그리고 학교는 그 결과에 따라서 자체 징계 수준을 정하면 된다. 이러한 학교의 징계 절차에 대해서는 무효확인 소송이 있을 수 없고, 죄가 없는데 처벌을 받거나 죄가 있는데 처벌을 받지 않는 일도 없을 것이다. 학교 내의 문제를 사법권에 의지하는 두 번째 방법이 교육적으로 바람직하지 않다거나 무책임하다는 반론도 있을 수 있다. 하지만 이 반론은 대학의 자치권 범위 내의 사건일 경우에 한정되어야 한다.

대학 자치권 영역의 경계선을 넘는 상황은 항상 존재한다. 캠퍼스 내에서 구성원들 간에 문제가 발생했다고 해보자. 단순한 말다툼에서부터 물리적 싸움, 상해, 상해치사도 있을 수 있고, 극단적으로는 살인이라는 사태가 발생할 수도 있다. 단순한 말다툼이라면 대학 자치권으로 해결하겠지만, 살인사건이라면 마땅히 사법당국에 맡겨야 할 일이다. 어떤 사건이 이처럼 분명한 양극단에서 발생한 것이라면 자치권과 사법권의 선택 사이에서 고민할 필요가 없을 것이다. 하지만 대부분의 사건은 분명한 양극단이 아니라 그 사이 중간 어디쯤에서 발생한다. 그래서 자치권으로 해결해야 하는지 사법권으로 해결해야 하는지 판단하기가 쉽지 않다.

선택의 어려움을 가중시키는 원인은 이러한 판단을 해야 할 시점이 사건의 내막을 알 수 없는 초기 단계라는 점이다. 모든 상황이 명백하게 밝혀진 이후라면 선택의 어려움은 없을 것이다. 하지만 사건을 해결해야 하는 초기 단계에서는 그 사건이 어떤 성격인지도 전혀 알 수 없다. 이를테면 편입학시험 부정행위가 단순한 커닝인지 아니면 범죄 조직이 가담된 조직적인 커닝이었는지는 사법당국의 수사가 끝나야 알 수 있다. 감독자가 부정행위를 적발하여 단순한 커닝으로 판단하고 대학의 자치권으로 징계하고 끝냈다면, 대학은 범죄행위를 밝혀낼 기회를 잃어버리게 만드는 꼴이 된다. 사건에 따라서는 범죄행위에 대해 면죄부를 주는 결과가 될 수도 있다. 따라서 대학이 자치권을 행사할 때는 항상 국가 사법권과의 경계에 대해 항상 고민해야 한다.

대학 자치권에 대한 사회의 기대와 한계

대학은 사회를 이끌어가는 지성인과 미래 세대를 이끌어갈 건강한 인재들이 모여 있는 집단이다. 그래서 사회는 대학의 자율성을 최대한 보장하고 있고, 대학이 자율적 권한을 실천할 능력이 있을 것이라고 기대하고 있다. 그렇다면 대학은 과연 그 자치권을 행사할 능력을 얼마나 갖추고 있을까? 혹시 우리 사회는 대학의 자치권에 대한 환상을 가지고 있는 것은 아닐까? 그 기대와 현실과의 차이를 생각해볼 수 있는 한 사건을 살펴보자.

2014년 겨울, 어느 대학교 교수가 제자를 성추행했다는 뉴스가 언론에 보도되었다. 부끄럽게도 이런 뉴스는 끊이질 않는다. 무엇보다도 이러한 사건이 재발하지 않도록 대학사회의 자성과 자정 노력이 절실하다. 그런데 이번 사건은 전개 과정이 조금 특이하다. 사건이 문제가 되기 직전에 해당 교수가 돌연 자발적으로 사직, 즉 의원면직을 한 것이다. 아마도 이 사건을 회피하기 위해서였을 것이다. 이 의원면직 행위에 대한 여론은 좋지 않았다. 사직서를 제출한 당사자는 물론이고 해당 대학도 문제가 된 교수를 처벌하지 않고 제 식구만 감싸려 한다는 비판을 받았다. 급기야 교육부가 여론에 편승해 팔을 걷고 나섰다.

"성범죄 교수 의원면직 안 돼" 교육부 학칙 개정 권고, 연합뉴스, 2014년 12월 14일 자 기사

모든 대학에 공문… 사표 수리 금지법규 없는 사립대 움직임 주목

교육부가 성범죄를 저지른 교수들이 진상조사나 징계를 피하려고 스스로 학교를 그만두지 못하도록 학칙을 개정할 것을 전국 대학에 권고했다. 교육부 관계자는 14일 "모든 대학에 교원 성범죄를 예방하고 처리를 철저히 하라고 안내하는 공문을 지난 10일 보냈다"며 "특히 성범죄 교수가 의원면직 처리되지 않도록 학칙을 개정하라고 권고했다"고 밝혔다. 이번 조치는 성범죄를 일으킨 교수들의 의원면직을 두고 사회적 논란이 커진 데 따른 것이다.

최근 ○○대, △△대 등에서 성추행 사건이 잇따르고 일부 대학은 가해 교수들의 사표를 수리해 '제 식구 감싸기'라는 비판을 받고 있다. 성범죄를 저지른 교수가 의원면직 처리되면 해임이나 파면과 달리 학교 측의 진상조사나 징계가 중단된다. 국공립대는 '비위 공직자의 의원면직 처리 제한에 관한 규정'에 따라 비위 사

실이 파면, 해임 등 중징계에 해당하면 사표를 수리하지 못하게 돼 있지만, 사립대의 경우 관련 법규가 없다. ○○대의 경우도 2011년 법인전환 이후 해당 교수가 더 이상 공무원이 아니어서 학교 측이 사표 수리를 유예하지 못하는 등 관련 학칙 개정이 필요한 상황이다. 교육부 관계자는 "전 대학에 성범죄 교수의 의원면직을 제한하는 학칙을 만들라고 권고하기는 이번이 처음"이라며 "아직 성범죄 처리의 대학평가 반영은 검토하고 있지 않지만, 앞으로 성범죄 추이를 지켜보며 엄중하게 대처할 것"이라고 말했다.

사립대학들이 교육부의 권고를 따르면 성범죄 교수가 조사나 징계를 피하려고 사직하는 사례는 많이 줄어들 것으로 보인다. 이미 XX대 등 일부 대학은 진상조사가 끝날 때까지 성범죄 교수가 사직할 수 없도록 학칙 개정을 추진 중이다. 국회에서도 관련법 개정이 추진되고 있다. 새누리당 주호영 의원은 지난달 28일 비위를 저지른 사립학교 교원이 형사사건으로 기소되면 의원면직을 제한하는 내용의 사립학교법 개정안을 대표 발의했다. 앞서 교육부는 지난 9월 성범죄로 형이 확정된 학교 교사나 대학교수를 교단에서 영원히 퇴출하는 등 처벌을 대폭 강화하는 방향으로 법령 개정을 추진하겠다고 발표한 바 있다.

이러한 여론에 대해 해당 대학교는 '사표를 반려하게 되면 민법에서 보장하는 해지의 권리를 침해할 소지가 있다'고 하면서, 사립학교법이 개정되면 신중하게 논의해보겠다는 입장을 밝혔다. 이 사건에는 한 가지 획일적인 흐름이 있다. 사회와 대학 모두 문제의 교수가 스스로 사직을 하지 못하도록 막아야 한다는 생각에 사로잡혀 있다는 것이다. 이러한 획일적인 여론과 여기에 편승하는 교육부의 후속 정책에 본능적으로 불편함을 느낀다. 세상일은 어느 한쪽이 100% 옳은 경우는 거의 없다. 여러 방법

중에 어느 하나를 택하면 특정한 조건에서 상대적으로 더 나은 선택을 했다고 할 수 있지만, 그것만이 유일한 선택인 경우는 현실에서 거의 존재하지 않는다. 어느 한 사회가 획일적인 생각에 사로잡혀 있는 것 자체가 위험하다. 사회는 다양한 생각들이 공존해야 한다. 이 성추행 사건에서도 사회의 획일적 사고 구조의 단면이 그대로 드러났다. 불편함을 느끼는 첫 번째 원인은 바로 이것 때문이다.

성범죄를 일으킨 교수가 사직을 하지 않고 교수직을 끝까지 고수하고자 하는 경우를 생각해보자. 사실 학교에서 물의를 일으킨 교수는 자진 사직보다는 어떻게든 학교에서 버텨보려는 경향을 보인다. 학교는 문제가 된 교수를 내보내고 싶더라도 조직에서 임의대로 사퇴시키기가 쉽지 않다. 특히나 교수직은 다른 직업에 비해 법적으로 많은 보호를 받고 있다. 학교가 문제의 교수에게 자체 징계 절차에 따라서 해임이나 파면 등의 조치를 취했다고 하더라도 법적으로 대응해서 다시 학교로 돌아올 가능성이 크다. 더구나 성추행 관련 교수가 자신의 무죄를 주장하면 법적으로 성추행 범죄 여부가 가려지기까지는 상당한 기간이 필요하고, 그 기간 동안 무죄 추정의 원칙에 따라 학교에서 교육과 연구를 계속 수행할 것이다. 또한 상당한 기간 동안 법적 공방을 거쳐 비록 유죄가 인정된다 하더라도 해임이나 파면에 해당하는 심각한 범법 행위가 아닌 것으로 판명되어 교수직을 계속 유지할 수도 있다. 이처럼 성추행에 연루된 교수는 학교에서 끝까지 버티려 하는 경향이 일반적이고, 이 경우 성추행 피해자는 가해자가 버티고 있는 상황에서 2차 피해를 입게 된다. 이와 같은 현실을 감안하면 성추행과 관련된 교수가 자발적으로 사직하는 것은 어쩌면 다행한 일인지 모른다.

그런데 우리 사회는 비리 혐의가 있는 교수가 의원면직하는 것에 대해서 무조건적인 질타를 하고 있다. 이 질타나 분노에 내포된 뜻은 무엇인가? 여기에는 죄를 지은 사람을 조직에서 곱게 내보내지 말고 파면이나 해임 등의 중징계를 해서 쫓아내야 한다는 심리가 작용했을 것이다. 궁극적으로는 대학이 사회정의를 실현해주기를 바라는 사회적 공감대가 표출되었다고도 볼 수 있다. 그렇다면 학교는 국민의 정서에 맞게 자진 사퇴를 하지 못하게 막고, 캠퍼스 안에서 문제의 교수를 혼내주고, 파면이나 해임을 시키는 것이 맞다. 이것이 사회가 대학에 바라는 기대이다.

　하지만 이 기대에 대학은 부흥할 수 있을까? 안타깝지만 대학은 사회정서에 부합하는 결과를 만들어낼 법적 권한도 없고, 범죄를 수사할 능력도 없다. 이 사건은 앞서서 논의한 바와 같이 대학의 자치권이 국가 사법권의 경계를 넘어서는 것이다. 성범죄 교수의 의원면직을 막고, 대학에서 사건을 조사하는 것은 현실적으로 불가능할 뿐 아니라 법적으로도 이치에 맞지 않는다. 결국 의원면직을 막는 것은 사회정의를 실현하는 것과는 관계없는 일이다. 오히려 비리 교수를 조직에 계속 머물 수 있게 하는 보호 조치가 될 수도 있다.

　이 사건에서 의원면직을 금지하는 것은 해결 포인트가 아니다. 이와 다른 새로운 해법을 찾아야 한다. 여기서 순리적인 방법을 제안하고자 한다. 문제가 된 교수가 어떠한 사유이든 자발적으로 사직하고자 한다면 이를 받아들이자. 사직하는 것은 개인의 자유의사이므로 그 권리를 인정해야 한다. 그리고 조직에서는 문제가 되는 교수를 조직의 틀 안에서 보호할 필요가 없다. 사회적 규범은 대학의 자치권보다 더 강력하고 엄격하다. 사회적 규범에 의해 심판을 받아야 할 명백한 범죄에 대해서는 대학의 자치권이 법에 앞서 우물쭈물해서는 안 된다.

관건은 당사자의 의원면직 이후에 어떻게 사회적 정의를 실현하는가 하는 것이다. 만일 조직 내에서의 범죄행위로 인해 법적 처벌을 받게 된다면 조직 내에서도 그 처벌에 맞는 조치를 취해야 한다. 그런데 처벌을 받아야 하는 당사자가 이미 조직을 떠났기 때문에 학교는 파면 등과 같은 징계를 할 수도 없고, 당사자는 아무렇지도 않게 다른 대학으로 이직할 수도 있다. 이와 같은 문제점을 보완하기 위해 재직 중의 행위로 인해 법적 처벌을 받게 되면, 의원면직을 했다 하더라도 조직 내에서 소급해 그에 합당한 처벌을 할 수 있도록 법적 근거를 마련하면 될 것이다. 이렇게 된다면 대학은 법적 판결이 나올 때까지 사직을 유보할 필요가 없다. 법적 결과를 확인한 후에 대학에서 절차를 거쳐 의원면직한 교수에 대해 필요한 제재를 하면 된다. 이것이 사건을 해결하는 순리이고 개인의 기본권, 대학의 자치권, 국가의 사법권이 상호 합리적으로 작용하는 방법이 아닐까 한다.

대학의 자치권과 사회적 규범의 조화

대학의 자치권이든 사회적 규범이든 사회정의에 위배되는 행위에 대해서는 단호해야 한다. 하지만 대학의 자치권과 사회적 규범 사이에서 발생한 여러 사례들을 놓고 보면 사회적 정의가 제대로 실현되었는가 하는 관점에서는 뭔가 부족하다는 느낌이 든다. 비록 대학에서 발생한 일이라 하더라도 명백한 범죄행위에 대해서는 사회적 규범이 우선 적용되고 대학의 자치권은 그 뒤를 따르는 것이 타당하다.

가령 연구비 횡령 등과 같은 사건은 대체로 사법당국의 수사에 의해 밝혀지고, 대학은 법적 처벌의 수위를 판단하여 자체 징계 여부를 결정한다. 대학은 연구비를 성실하게 관리해야 할 의무는 있지만 연구비 횡령은 학교의 관리 범위를 벗어나는 지능적인 범죄인 경우가 많아서 대학이 이를 원천적으로 차단하는 것은 불가능하다. 또한 이를 적발하여 범죄성을 입증하려면 압수수색, 계좌추적 등의 수사권이 있어야만 가능하다. 대학 내 성추행 사건의 경우, 대학의 자치권과 사회적 규범 중 어느 권한이 우선 적용되어야 하는지에 대해서는 연구비 횡령 사건보다 더 명확하지가 않다. 만일 성추행 사건이 대학 자치권으로 내부 징계에 그치고 만다면 대학은 범법자를 감싸고돈다는 비난을 면치 못할 것이다. 그렇다고 대학 내에서 어떠한 조치도 취하지 않으면 그것 또한 사회적 지탄을 받을 것이다. 특히나 대학의 자치권과 국가의 사법권 사이에서 가장 혼란을 겪는 사건은 대개 학생과 관련된 것이다. 학교는 학생의 일탈 행위에 대해서도 교육적 의무를 우선해야 하기 때문이다.

이처럼 대학은 다양한 형태의 사건을 해결해야 하고, 어떤 사건에 대해서는 사회적 규범과의 관계에서 혼란스러운 모습을 보이기도 한다. 그럴수록 대학은 자치권과 사회적 규범의 경계에 있는 사건에 대해서 좀 더 명료하고 단호하게 대처하려는 노력을 기울여야 한다. 사법권의 판단을 받아야 할 사안을 대학의 자치권으로 해결하려 해서는 안 되고, 반대로 대학의 자치권으로 해결할 문제를 사법권이 부당하게 침해하도록 내버려 둬서도 안 된다. 한 가지 분명한 사실은 대학의 자치권과 국가의 사법권이 동시에 작용해서는 안 된다는 것이다. 대학은 학내에서 벌어진 어떤 사건을 인지했다면 자체적으로 해결할 것인지 아니면 사법권으로 해결할 것인지 결정해야 한다. 누군가 대학에 성추행 신고를 했는데 범죄에 해당하는 정도라고 판단되면, 국가 사법권의 도움을 받아서 사건이 잘 해결될 수 있도록 해야 한다. 대학이 스스로 해결해 보겠다고 나서는 것은 잘못된 것이다. 대학이 대학의 자치권과 국가의 사법권 사이에서 가장 미온적인 태도를 보이는 학생 관련 사건의 해결 방식도 마찬가지이다.

사회 역시 대학사회와 대학 자치권의 한계에 대해 정확하게 이해해야 한다. 학문의 자유는 최대한 지켜주되 대학을 위협하는 범법 행위에 대해서는 사회적 규범으로 대학을 지켜줘야 한다. 대학 자치권과 국가 사법권의 영역이 겹칠 때 상호 책임 회피가 아닌 협력을 통한 상생의 방법을 찾아야 한다.

제3장

대학과 산학협력단

산학협력단 조직에 딴지 걸기

이 글은 대학 안에 존재하는 '산학협력단'이라는 조직에 대한 견해이다. 이해를 돕기 위해서는 먼저 산학협력단이라는 단어부터 설명하는 것이 순서일 것 같다. 산학협력단이라는 단어가 처음 등장했던 2003년 이전의 대학을 기억하고 있는 사람들은 말할 것도 없고, 현재 대학에 몸을 담고 있거나 대학을 알고 있다고 자부하는 사람들 중에서도 산학협력단이라는 단어를 처음 들어보는 이들이 많을 것이다. 비록 이름은 들어 알고 있다고 해도 그 조직의 정체성을 정확히 꿰뚫고 있는 사람은 아마 거의 없을 것이다.

대학의 산학협력단은 「산업교육진흥 및 산학연협력 촉진에 관한 법률」(이하 산촉법이라 함)에 근거하여 ① 산학협력 계약의 체결 및 이행, ② 산학연협력사업과 관련한 회계의 관리, ③ 지식재산권의 취득 및 관리에 관한 업무, ④ 대학의 시설 및 운영의 지원, ⑤ 기술의 이전과 사업화 촉진에 관한 업무, ⑥ 직무발명과 관련된 기술을 제공하는 자 및 이와 관련된 연구를 수행하는 자에 대한 보상, ⑦ 산업교육기관의 교원과 학생의 창업지원 및 기업가정신 함양 촉진 등에 관한 업무를 수행하며, 대학 내 부서로 존재하나 학교 법인과는 별도의 독립적인 법인격을 가지고 있는 조직이다. 이것이 법률적 해석이다.

2015년 기준, 우리나라 전체 424개 대학 중에 84%인 356개 대학이 산학협력단 조직을 가지고 있다. 자체 임용직원 3,666명을 포함해서 7,178명이 산학협력단에서 근무하고 있고, 운영 수익은 총 6조 7,673억 원이다.[11] 전체 대학 연구비가 총 5조 6,347억 원인 것과 비교하면 대학의 모든 연구비는 산학협력단 특수법인에서 별도 관리하고 있다고 보면 된다. 2002년까지는 대학에서 전혀 존재하지 않았던 조직이 이처럼 방대한 인력과 예산을 가진 공룡이 되기까지는 무슨 이유가 있었고, 어떤 과정을 거쳤을까? 이 거대한 공룡의 존재에 대해 이제는 누구도 의심하지 않고 당연한 조건으로 여긴다. 하지만 산학협력단이라는 존재에 대해, 그리고 대학에 미치는 영향에 대해 긴 안목으로 심도 있게 살펴봐야 한다.

산학협력단은 연구 관련 업무를 수행하는 대학 안의 특수법인이다. 산학협력단 이전의 대학은 법인 능력이 없었고, 법적 주체는 대학을 소유하고 있는 재단에 있었다. 그래서 연구 계약 체결과 권리의무관계, 지식재산권의 소유 및 권리 행사 등에 있어서 대학 총장이 아닌 재단에서 법적인 권리를 가지고 있다. 사립대학의 경우 재단이 법인 능력을 가지는 것에 대해 별문제가 없고, 관점에 따라 이러한 관계가 더 바람직한 관계일 수 있

---

11. 교육부,「2015 대학 산학협력활동 조사보고서」

다. 하지만 국립대학은 사정이 좀 다르다. 국립대학은 본질적으로 국가의 소유이기 때문에 정부의 연구비를 국립대학에서 수주하면 회계상 다시 국고로 잡히고, 지식재산권 또한 국가 재산이 된다. 사립대학은 재단이 계약서의 한 주체가 되지만 국립대학은 국가가 계약서에서 갑(甲)도 되고 을(乙)도 되는 것이다. 국립대 법인화를 추진하는 데는 여러 이유가 있지만, 대학이 법인 능력을 갖출 필요가 있다는 것도 그중에 하나이다.

어쨌든 정부는 대학이 산학협력을 강화하기 위해서는 산학협력단이 절대적으로 필요하다고 판단했고, 또 대학의 일반 회계와 섞이지 않는 별도의 연구비만 전담하는 특수법인을 만들어 관리한다면 국민의 세금으로 지원되는 연구비를 투명하게 관리할 수 있을 것으로 생각했다. 그래서 정부는 모든 대학에 산학협력단을 만들기로 결정한 것이다.[12] 어떤 정책이든 동전의 양면과 같이 긍정적인 면과 부정적인 면이 함께 있다. 하지만 정부 정책 일반적인 문제점은 그 정책이 아무리 긍정적 측면이 많다 하더라도 다양성을 상실하고 획일화되는 경향이 있다는 점이다.

정부가 대학의 움직임을 획일적으로 만드는 방법은 정해져 있다. 법을 개정하고, 행·재정적 조치를 통해서 어쩔 수 없는 변화를 요구하는 것이다. 특히 각 대학이 연구비를 절대적으로 정부에 의존[13]하기 때문에 정부가 대학을 통제하기는 훨씬 쉽다. 실제로 정부는 각 대학에 산학협력단 설

---

12. 이는 근거 없는 추측이 아니라 산학협력단 설립 초기 정부 부처 간 논의 과정에서 거론된 내용이다.

13. 교육부의 「2015 대학 산학협력활동 조사보고서」에 따르면, 2015년 대학의 교육·연구 수익 1조 3,142억 원 중 중앙정부로부터 받은 재원이 1조 569억 원으로 전체 수익에서 80.4%의 비중을 차지한다.

립을 독려하기 위해 모든 정부 연구비를 산학협력단을 통해서만 받을 수 있도록 조치했다. 그래서 모든 대학은 하루아침에 대학 회계에서 연구비를 분리하여 산학협력단으로 옮겼다.[14]

산학협력단은 분명 첫 출발부터 많은 문제점을 내포하고 있었고 그러한 징후도 많았다. 대학에서 산학협력단을 울며 겨자 먹기로 만든 것부터 뭔가 잘못된 것이었다. 연구비 지원기관과 대학 간에 연구 계약을 체결하는 데 느닷없이 산학협력단장이 대학 총장을 대신해서 계약의 주체가 되겠다고 나섰다. 교육부[15]를 제외한 다른 정부기관과 기업체는 산학협력단장이 누구냐고 황당해했다. 교육부는 정부의 다른 부처를 설득해야 했고 몇 해가 지나서야 겨우 산학협력단장이 계약의 당사자로 나서도 어색하지 않게 되었다.[16]

산학협력단이 설립된 대학의 예산을 들여다보면 갑자기 총예산이 대폭 줄어든 것을 알 것이다. 대학 예산 중 연구비 예산이 산학협력단 특수법인으로 옮겨간 것이다. 그래서 산학협력단 출범 초기에는 대학 예산이 들쑥날쑥하였고, 제대로 상황을 파악하지 못하는 기자들에 의해 오보가 잇따랐다. 지금은 어떤가? 산학협력단의 예산은 갈수록 증가해 대학 예산에

---

14. 초기에는 교육부 중심의 연구비만 산학협력단 연구비로 옮기는 소극적 전략을 택하였으나 지금은 학교 회계에서 연구비를 관리하는 것이 불가능하다는 인식이 퍼져 있다. 그리고 BK21 연구비와 같이 국고보조금성 연구비는 학교 회계에 가장 오래 남아있었으나 지금은 거의 산학협력단에서 관리되고 있다.

15. 2003년 당시에는 교육인적자원부였고, 이후에 교육과학기술부로, 다시 교육부로 변경되었지만, 여기에서는 교육부로 명칭을 통일하여 사용하고자 한다.

16. 초창기 민간기관이나 정부 산하기관 중 일부는 산학협력단장과의 연구 계약을 인정하지 않고, 대학교의 위임장 및 법인인감증명서를 요청하는 경우도 많았다.

근접해가고 있고, 대학 내 재산도 법인 것과 산학협력단 것으로 나뉘고, 서로 누구인지 알지 못하는 대학과 산학협력단 직원들이 각자 조직에서 각자의 방식대로 대학의 행정 업무를 보고 있다. 총장 산하의 특수법인이라는 아주 특수한 산학협력단으로 인해 대학이 두 쪽으로 갈라지고 있는 것이다. 예를 들면 K 대학교의 산학협력단은 2011년에 교내 우체국과 우편물요금후불제에 대한 계약을 별도로 체결했다. 학교 본부에서 산학협력단 우편물은 처리해줄 수 없다는 원칙을 정했기 때문이다. 이유는 단지 학교와 산학협력단이 같은 법인이 아니라는 것 하나뿐이다. 이러한 별도 계약은 학교 전체적으로는 아무런 이득이 없고, 행정적으로 더 번거로워졌을 뿐이다. 이와 유사한 작은 균열들은 매일 일어나고 있고, 논쟁에서 지는 쪽은 대체로 산학협력단이다. 반대로 산학협력단이 본부로부터 분리되고자 노력하는 대학도 있다. 어느 쪽이든 기존 대학조직과 산학협력단조직은 상호 소모적 논쟁에 휩싸여 있다. 이런 논쟁의 사례는 책 한 권을 가득 채울 만큼 많다. 대학은 이러한 작은 현상들에 관심을 가져야 한다. 이것은 대학조직이 크게 두 쪽으로 갈라지려는 지진의 전조 현상일 수 있기 때문이다. 그런데 정부나 대학은 이를 무시하고 오로지 산학협력단을 강화해야 한다는 쪽으로만 직진하고 있다. 그 길의 끝은 아마도 막다른 골목일지도 모른다.

구체적으로 대학 구조가 어떻게 바뀌고 있는지 K 대학교의 2015년 현황을 잠시 살펴보자. K 대학교는 학교 소속 토지가 약 85만㎡이고, 건물은 89개 동에 건물 총면적이 약 200만㎡이다. 그리고 소속 전임교원 수는 약 1,440명이고, 총장발령 소속 직원 수는 361명이다. 반면 산학협력단 법인은 토지, 건물, 전임교원 등을 전혀 보유하고 있지 않고, 소속 직원만

48명이 있을 뿐이다. 그런데 학교 회계의 총예산은 6,998억 원이고 산학협력단 예산은 3,633억 원으로, 산학협력단 예산이 학교 전체 예산(10,631억 원)의 34.2%를 차지한다. 그러니까 산학협력단은 대학의 실질적 자산은 하나도 보유하고 있지 않은 상태에서 연구비와 관련된 회계만 분리하여 자산으로 가지고 있는 구조이다. 이는 K 대학교만의 특수한 상황이 아니라 우리나라 거의 모든 대학의 구조가 이와 비슷하다. 대학 내에서의 이러한 기형적 법인조직은 어떻게 탄생했고, 또 어디로 가고 있는가?

산학협력단의 정체성에 대한 비판적 질문들

대학에 산학협력단이 설립되기 시작한 2003년을 기점으로 대학의 전후 상황을 긴 안목으로 살펴보고, 산학협력단 이전에는 무엇이 문제였는지, 산학협력단이 존재한 이후에는 어떤 변화가 있었는지, 산학협력단은 지금 어디로 가고 있는지 등 반추해볼 필요가 있다.

먼저 산학협력단 설립 주체에 대한 반성이 필요하다. 산학협력단은 대학의 자생적 조직인가? 아니면 정부에 의해서 만들어진 외생적 조직인가? 정부는 산촉법에 근거 조항이 마련된 이후 행·재정적 수단을 통해서 대학에 산학협력단 조직이 설립되도록 유도하였다. 즉 산학협력단은 대학의 필요나 대학의 뜻에 따라 만들어진 자생적 조직이 아니라 정부의 필요로 정부의 뜻에 따라 만들어진 외생적 조직이다. 산학협력단 설립 및 운영 과정에서 보여준 정부의 정책은 대학의 자율성과 다양성을 인정하는 정책과는 거리가 있다. 그 결과 산학협력단은 2003년에 18개, 2004년에 268

개, 2005년에서 2010년 사이에 53개, 2011년 이후에 19개가 각 대학에 설립되었다. 대다수 대학이 산학협력단 설립의 근거가 되는 법이 제정되자마자 일사불란하게 산학협력단을 설립한 것이다.

정부에 의한 외생적 조직은 자생력을 가지지 못하기 때문에 정부 정책의 영향을 크게 받을 수밖에 없다. 또한 정부 주도의 정책은 일관되게 지속하기가 어렵고 대학의 다양성을 보장할 수도 없다. 이러한 점을 생각하면 산학협력단은 정부의 강력한 의지가 있는 동안에는 대학 내부의 결함이나 균열에도 외형적 성장을 이룰 수 있으나 한순간에 물거품이 될 수도 있다. 대학은 산학협력단이 설립되기 시작한 2003년 이후 단 한 번도 대학의 관점에서 산학협력단의 위상과 정체성을 진단해볼 기회를 얻지 못하였을 뿐만 아니라 산학협력단 설립 및 운영에 대한 자율권을 포기하고 수동적인 입장을 견지했다. 대학은 이에 대해 진지하게 자성을 해야 한다.

자성의 일환으로 산학협력단에 대해 논의하기 이전에 대학의 이념을 바탕으로 '산학협력'의 의미가 무엇인지부터 생각해보자. 대학은 어떠한 곳이며 무엇을 해야만 하는 곳인가? 대학의 이념은 대학의 목적과 기능에 대한 일관된 사고방식으로 대학 교육의 본질에 대한 기본 철학을 의미하고, 대학의 존립 양식을 규정하는 근본 요소이다.

대학의 이념은 보통 본질, 목적, 정체성, 사명, 기능, 역할 등과 같은 의미로 사용되고 있으며, 훔볼트(Humbolt), 뉴먼(Newman), 플렉스너(Flexner), 허친스(Hutchins), 야스퍼스(Jaspers), 울프(Wolff) 등의 학자들은 각기 그 시대의 대학의 이념을 제시하였다.[17]

오늘날 대학의 이념은 지도자적 인격 배양을 이념으로 하는 고전적 대학, 진리 탐구의 학문을 이념으로 하는 근대 대학, 사회봉사를 이념으로 하는 현대 실용주의적 대학이 합해져 현대 대학의 이념으로 정립되어 가고 있다. 즉 자유와 자율을 바탕으로 창의적으로 연구하고 교육함으로써 사회에 봉사하는 것, 그 결과 인간이 당면한 현실을 지혜롭게 헤쳐 나가도록 이끄는 것이다.

지식 획득으로서의 연구, 전수로서의 교육, 적용으로서의 봉사는 서로 밀접하게 관련된 불가분의 관계이다. 이 3대 기능 가운데 어느 것에 더 치중하느냐는 대학의 성격과 종류 등에 따라서 서로 다를 수 있다. 시대의 변화를 인식하고 그에 합당한 대처 방안을 강구하는 일은 대학 내에서 주

---

17. Humbolt(1810): "대학은 학문을 논하고 다른 의도가 아닌 목적 그 자체에서 나온 내용으로서의 학문을 정신과 도덕성의 도야에 기여하도록 연구하는 곳"

Newman(1852): "대학이란 모든 지식과 과학, 사실과 원칙, 탐구와 발견, 실험과 사색에 대한 강력한 수호자로서 지식의 영역을 정하며, 모든 분야에 있어서 침해나 굴복을 당하지 않도록 감시하는 곳"

Flexner(1930): "대학은 각 시대의 일반적 사회 기구의 외부에 존재하는 것이 아니라 바로 그 내부에 있다. … 대학은 사회로부터 유리된 어떤 역사적인 존재도 아니며, 또 다소 새롭다고 생각되는 세력이나 영향력에 가능한 한 굴종하지 않으려고 하는 존재도 아니다. 오히려 대학은 현재와 미래에 작용하는 영향력일 뿐만 아니라 각 시대의 표현물이기도 하다."

Hutchins(1936): 미국의 대학이 상업주의와 실리적, 실용적 직업훈련에 치우친 나머지 본래 대학의 이념을 상실하였다고 비판하면서 인간이 자유로운 입장에서 자주적으로 사고하고 판단하는 지성과 예지를 함양해야 한다는 지식과 지혜의 탐구 이념 제시함.

Jaspers(1945): "대학은 학생과 교수들이 공동체를 형성하여 오직 진리만 탐구하고 사회와 국가가 필요로 하는 그 시대의 가장 바람직한 의식을 형성하는 곳. 사회나 국가의 필요성에 의해 또는 특정한 이데올로기에 의해 대학의 기능이 좌우되는 것이 아닌 독자적인 자치 기구로서의 기능 수행"

Wolff(1969): 대학은 자신의 정체성을 배우기를 원하고 가르치기를 원하는 사람들의 집단인 공동학습체에서 찾아야만 하고, 대학은 학습의 전당으로서 그 순수한 기능을 수행해야 한다고 본다.

도적이고 창의적으로 이루어져야 한다.

　최근 정부에서 강조하는 대학의 '산학협력' 역할이 대학의 이념에서 어떠한 맥락에 있는가? '산학협력'은 대학의 이념 중의 한 영역으로 인정받을 수 있는가? 산학협력은 오늘날의 대학의 이념인 연구, 교육, 사회봉사 중의 한 영역에 속한 것이 아니라 이념이 지향하는 하나의 방향성으로 해석하는 것이 타당하다. 하지만 정부는 산학협력을 대학의 이념이나 목적의 위상으로 인식하기도 하고, 방향성으로 인식하기도 한다. 산학협력에 대한 정부의 의지가 강력하게 나타나는 재정지원사업인 사회맞춤형 선도대학(LINC) 육성사업에서 산학협력친화형 교원인사제도를 강화하기 위해 정부가 제시한 안에는 교원업적 평가 시 기존의 3대 영역, 즉 연구, 교육, 사회봉사에 산학협력 평가 요소를 추가하는 방안과 3대 영역 이외에 별도로 산학협력 영역을 추가하는 방안을 제시하고 있다. 이는 '산학협력'을 목적으로 분류하기도 하고, 방향성으로 분류하기도 하는 이중적 입장에 있음을 의미한다.

　그렇다면 '산학협력=산학협력단'이라는 인식은 올바른 것인가? 산학협력을 대학이 추구해야 할 하나의 방향으로 보면 연구, 교육, 봉사 등의 대학 이념에 산학협력의 의지가 반영되어야 한다. 즉 산학협력을 전담하는 특정 부서나 전문가만이 산학협력 업무를 수행하는 것이 아니라 각 고유 영역으로부터의 변화가 필요하다는 것을 의미한다. 하지만 정부는 '산학협력'을 '산학협력단'이라는 개념과 동일화하였고, '산학협력'을 강화하기 위해서는 '산학협력단' 조직을 강화하면 된다는 방식으로 한발 더 나아갔다. 이러한 인식을 바탕으로 한 정부의 산학협력 강화 정책은 LINC 사업 등의 재정지원사업을 통해 대학을 변화시키고 있다.

산학협력단은 대학조직인가? 산학협력단은 당연히 대학의 하부 기관으로서의 위상을 가진다. 또한 '별도 법인'이라는 특수성을 가지고 있어 대외적으로 법적인 주체가 될 수 있다. 특히 정부는 연구 계약의 주체로 대학의 장이 아닌 산학협력단의 장을 공식적으로 인정하고 있으며, 대학(총장)은 연대보증인과 같은 위상으로 인정하고 있다. 이는 산학협력단이 법적으로나 현실적으로 대학의 하부 기관이 아닌 별개의 독립된 주체로 인정되고 있음을 의미한다.

그러면 정부가 상대하는 계약 주체인 산학협력단의 실체는 무엇인가? 대학과 산학협력단을 구분할 수 있는 기준은 무엇인가? 산학협력단의 행정조직으로 구분할 것인가? 행정직원의 신분으로 구분할 것인가? 회계를 기준으로 할 것인가? 연구를 수행하는 교수는 산학협력단 소속인가? 학교 소속인가? 여기에서 논의하는 학교라는 용어는 산학협력단을 포함하지 않는 의미일 것인데, '산학협력단과 대비되는 의미로서의 학교'라는 새로운 용어가 있어야 하지 않을까?

현재는 이런 물음에 대해 법적인 해석이나 현실적인 해법이 시원하게 제시되어 있지 않다. 정부나 대학 모두 그저 각자의 입장에 따라 제각각 대처하고 있을 따름이다. 이처럼 정체성을 찾지 못하는 산학협력단은 대학 내부에서 융화되지 못하고 대학과 산학협력단 모두에게 치명적인 결함을 가진 조직이 될 가능성이 크다. 향후 산학협력단 정책이 긍정적인 방향으로 개선되어 간다 하더라도 회계나 자산 관리 등과 같은 기술적 문제는 어느 정도 회복 가능하지만 인력 관리 정책은 쉽게 회복되기 어려운 장기적인 문제가 될 가능성이 크다.

산학협력단 운영의 문제점

2015년 기준으로 전국 358개 산학협력단의 조직 유형은 독립형이 143개, 병렬형이 50개, 연계형이 47개, 통합형이 118개이다.[18] 교육부가 분류한 이 유형은 대학의 기존 연구관리 조직과의 관계를 기준으로 정했다. 각 대학은 산학협력단 설립 이전부터 연구관리 조직을 통해 관련 업무를 수행해왔다. 그런데 산학협력단 법인이 설립된 이후에는 당연히 대학 내부에서 기존의 연구관리 조직과 업무가 상충될 수밖에 없고, 대학은 이 상충되는 업무를 나누어 독립적으로 운영하든지 아니면 산학협력단으로 흡수하여 일원화하든지 어떤 방식으로라도 업무를 조정하여 운영하고 있다. 교육부는 이를 편의상 독립형, 병렬형, 연계형, 통합형 등으로 구분하고 있으나 대학의 업무를 이렇게까지 구분하는 것 자체가 산학협력단의 문제점을 그대로 드러내는 사례이다. 하지만 이러한 구분은 산학협력단 조직이 기존의 대학조직과의 관계에서 어떤 정체성을 가지고 있고, 어떻게 영향을 미치고 있는지를 아는 데 전혀 도움이 되지 않는다. 오히려 유형 구분이 본질을 제대로 인식하지 못하게 만든다. 문제의 핵심을 파악하기 위해 대학행정인의 눈으로 바라본 산학협력단의 일반적인 문제는 다음과 같다.[19]

---

18. 독립형은 '교내 연구는 산학협력단 이외의 부서가 담당하고 산학협력단은 교외 연구만 담당하여 연구처 부재', 병렬형은 '연구처(교내 연구)와 산학협력단(교외 연구)이 역할 분리(연구처와 산학협력단 겸임 없음)', 연계형은 '연구처(교내 연구)와 산학협력단(교외 연구)이 역할 분담(연구처장이 산학협력단장 겸임)', 통합형은 '산학협력단이 교내 연구와 교외 연구 통합 관리(연구처와 산학협력단 통합)'을 말한다. 교육부, 「2015 대학 산학협력활동 조사보고서」

첫째, 학교로부터 행정지원 조직이 분리·독립되는 현상이 일어나고 있다. 산학협력단의 '별도 법인' 위상에 대한 과도한 해석으로 산학협력단 고유 업무 이외의 기본적인 행정지원 기능인 예산, 회계, 전산, 인사 등이 학교에서 분리되었다. 이러한 현상은 산학협력단이 명목상 법인, 즉 1인 이사에 불과한데도 대학 구성원들이 대학으로부터 독립된 실질적인 기구로 인식하고 있기 때문이다. 예산, 회계, 전산, 인사 등의 행정지원 기능은 고유 업무와는 별개로 고도의 전문성과 분업화가 필요한 분야인데 산학협력단으로 업무가 분리되어 상호 독립적으로 수행된다면 조직의 전문성, 안정성, 견제 기능이 크게 약화된다. 특히 산학협력단 회계와 관련된 자금을 산학협력단 자체에서 관리함에 따라 자금 관리의 안정성이 매우 취약해졌다. 또한 산학협력단에서 자체적으로 예산을 편성하고 연구비 등에 대한 감사 기능을 가지는 것은 조직의 안정성과 견제 기능, 학교 산하기관으로서의 통제력을 크게 약화시키는 원인이 된다.

둘째, 산학협력단 중심의 과도한 연구비 중앙관리 현상이 나타나고 있다. 정부는 대학 연구비가 산학협력단 회계에서만 관리되기를 바라고, 또 정부지원 연구비를 산학협력단에서 직접 관리하는 이른바 연구비중앙관리제도를 실시하고 있다. K 대학교도 연구비 관리 업부를 산학협력단 조직을 중심으로 완전한 통제가 가능하도록 조직화하였으나 과도한 집중으로 인해 또 다른 문제가 발생하고 있다. 또한 연구비 관리 행정체계가 연

---

19. 여기에 언급된 문제점은 어느 한 대학교의 산학협력단의 문제가 아니라 일반적으로 나타날 수 있는 현상을 가정한 것이다. 따라서 산학협력단마다 가지고 있는 문제점이 다들 수 있음을 인지하길 바란다.

구자에서 산학협력단으로 직접 연결됨으로써 연구자의 소속 단과대학, 연구소 등이 연구행정에서 멀어지게 되는 원인이 되고 있다.

셋째, 기존의 대학조직(학교)의 연구관리 능력이 상실되고 있다. 여기에서의 연구관리는 '연구비 관리를 제외한 학교의 연구행정 조직의 관리, 대외 연구지원 기관 관리, 연구 진흥 방안, 연구 기획 등과 같은 총체적 연구행정 능력'을 말한다. 산학협력단을 중심으로 연구비 중앙관리를 실시함에 따라 학교의 연구관리 행정 업무가 산학협력단으로 흡수·통합되는 현상이 가속화되고 있다. 학교는 산학협력단에서 학교 행정 실무 인력을 철수시키고 관리자만 파견하고 있으며, 산학협력단은 연구관리 업무를 산학협력단의 연구비 관리 전담 직원을 통해서 수행하고 있다. 여기에서 산학협력단 행정 인력은 학교 행정 인력으로의 순환근무가 되지 않는 점을 고려할 필요가 있다. 이러한 인력 정책으로 인해 산학협력단 설립 이후 연구관리 실무 경험을 가진 학교 행정직원이 거의 없게 되었다. 이와 같은 연구행정 경험자의 부족은 연구 업무 부서뿐만 아니라 학교의 기획, 교육, 행정지원 부서의 실무자들이 연구행정 분야를 이해하지 못해 학교의 총체적 연구행정 역량이 약화되는 원인이 되고 있다.

넷째, 대학의 교육과 연구가 산학협력 분야와 분리되고 있다. 대학에서의 산학협력이라는 의미는 대학의 고유 기능인 교육과 연구에 관한 하나의 방향성을 의미하는 것이지 교육 또는 연구와 분리된 하나의 독립된 분야가 아니다. 그런데 대학의 교육과 연구를 산학협력 친화형으로 전환하려는 정부의 산학협력단 정책이 오히려 대학에서 교육과 연구 이외에 산학협력 실체가 존재하는 것처럼 조직화시켰다. 이는 대학의 연구처와 산학협력단이 분리되어 대학 연구행정 기능이 취약해지는 결과로 나타나고 있다.

다섯째, 대학재정지원사업 등과 같이 학교에서 관리되어야 할 사업이 산학협력단의 관리로 넘어가고 있다. 이는 산학협력단이 아닌 대학 자체에서 쓰여야 할 정부의 재정지원금이 산학협력단을 중심으로 집행·관리됨으로써 그 사업의 목적과 관리에 주체가 부합하지 못해 대학의 경영을 왜곡시킨다. 예를 들면 Brain Korea 21(BK21+) 사업은 산학협력단이 설립된 이후에도 한동안은 학교 회계에서 관리해왔으나 어느 순간부터 산학협력단 회계에서 관리하고 있다. 대학원생을 지원하는 사업의 목적보다는 연구비라는 관점을 우선해서 학교에서 산학협력단으로 이관한 것이다. 이는 연구비 관리 문제를 떠나 사업의 본질적 목적을 달성하기 어렵게 만든다. 결과적으로 산학협력단에서 대학원생의 장학금을 관리하는 차원을 넘어 대학 근본 정책이라 할 수 있는 장학 정책을 주도하고 있다는 뜻이다.

여섯째, 교육행정 조직과 연구(산학협력)행정 조직이 분리되고 있다. 대학의 교육과 연구는 본질적으로 분리될 수 없는 하나의 개념이며, 대학행정조직도 양자를 병행할 수 있는 통합 조직 형태가 효율적이다. 따라서 대학에서 산학협력만을 전담하는 조직을 만드는 것은 오히려 대학행정조직에서 교육과 연구가 단절되게 만든다. 교육과 연구행정의 분리에 따른 부작용은 대학 학사행정에서 연구행정의 기능 상실을 초래하여 교원의 연구 분야가 교육과정의 개편으로 이어지거나 대학의 공간 또는 시설 관련 정책 등에 반영되도록 하는 데 어려움을 겪고 있다.

일곱째, 연구정책 총괄 기능이 약화되고 있다. 대학의 연구는 개인 과제에서 학과 및 학제 간 융합과제로, 순수한 연구에서 교육과 연구의 융합으로, 개인의 역량에서 집단·융합 연구로 나아가고 있다. 대학이 이러한 추세에 대응하기 위해서는 연구자 개인이나 산학협력단과 같은 조직을 통한 부분적 변화가 아니라 대학 자체의 변화를 통한 경쟁력 강화가 요구된다. 하지만 연구행정 업무가 대학 학사조직이나 본부 행정기관으로부터 분리되어 산학협력단으로 흡수 · 통합됨으로써 대학이나 본부는 연구행정 역할 기능이 약화되었고, 대학이 연구의 흐름에 부응하여 적절한 행정 능력을 발휘하기가 더욱 어려워지고 있다.

여덟째, 산학협력단의 인력 구조가 상대적으로 더 취약해진다. 산학협력을 강화하기 위해 대학에 산학협력단 조직을 둔다는 것은 어떤 면에서는 산학협력단이 학교 밖의 조직으로 자리매김하게 하여 오히려 산학협력 행정체계가 구조적으로 취약해지게 만든다. 또한 산학협력단은 학교의 연구를 포함한 산학협력 전반의 업무를 총괄하는 별도의 조직으로 되어 있지만 실질적으로는 학교 행정 인력이 철수하고 산학협력단 자체 직원들로 운영되는 결과를 가져온다. 이와 같이 학교 행정에서 산학협력단의 업무 중요성은 높아지는 반면 인력 구조는 더 취약해지고 있다.

아홉째, 장차 산학협력단 법인과 학교 재단 간의 문제가 불거질 가능성이 있다. 사립학교 법인 내에서의 산학협력단 법인격은 근본적으로 사립학교 재단법인과 마찰의 소지가 있다. 산학협력 회계 내의 자산, 특히 부동자산의 증가는 사학 재단의 학교 운영에 문제가 될 가능성이 있다. 이 부분에 대해서는 아직 우리나라 각 대학 학교 법인이 문제의 심각성을 잘 인식하고 있지 못할 뿐이다.

산학협력단 실체 인식의 함정들

산학협력단의 실체를 정확하게 인식하는 데는 몇 가지 함정이 있다. 그 함정을 이원화의 함정, 대표성의 함정, 법인 업무의 함정, 강제성의 함정, 전문성의 함정 등 다섯 가지로 정의하여 이야기하고자 한다.

첫 번째는 '이원화의 함정'이다. 여기에서 이원화의 함정을 '대학의 산학협력 기능이 대학 자체에서 분리될 수 없는 하나의 실체임에도 불구하고, 대학으로부터 독립된 별도의 실체로 인식하여 대학을 이원화함으로써 발생하는 함정'이라고 정의하고자 한다. 이 함정은 '산학협력단은 대학으로부터 독립된 실질적인 기구이다.'라는 잘못된 인식을 갖게 한다.

산학협력단은 대학 장의 지도 감독을 받는 대학의 하부 조직으로서 대학의 지식재산권의 취득 및 관리의 주체, 산학협력 계약의 주체, 대학의 산학협력 관련 회계의 사용 및 관리 주체 등이 될 수 있는 법인이다. 정부는 산학협력단 설립 초창기에 대학으로부터 독립된 실질적인 기구를 염두에 두고 법제화하였다. 하지만 산학협력단에 부여된 기능은 실질적으로 대학의 하부 조직이 별도 법인을 만들어 수행할 수 있는 성격이 아니고, 대학 자체의 본질적인 업무에 해당한다. 따라서 산학협력단은 대학으로부터 독립된 실질적인 기구가 법인격을 가지는 것이 아니라, 대학 자체가 '산학협력단 법인'이라는 또 다른 위상을 동시에 가지는 것으로 해석되어야 한다. 그런데도 정부나 대학은 산학협력단이 법적으로는 '명목상 법인(1인 이사)'이면서도, '대학으로부터 독립적이며 실질적인 기구'로 정착시켜왔다. 이와 같이 분리될 수 없는 대학 고유의 기능을 강제로 분리함으로써 연구(산학협력) 및 행정 분야에서 많은 문제점이 발생하고 있다.

두 번째는 '대표성의 함정'이다. 여기에서 대표성의 함정을 '대학의 대표성은 총장에게 있음에도 이원화의 함정으로 인하여 대학 고유 기능 중의 일부를 법적·실질적으로 총장으로부터 분리하여 총장이 아닌 자에게 대표성을 부여함으로써 발생하는 함정'이라고 정의하고자 한다. 이 함정은 '산학협력단장은 총장 산하기관의 장이 되어야 한다.'라는 잘못된 생각을 하게 한다.

2015년을 기준으로 전국 358개 산학협력단의 산학협력단장의 직급을 보면 부총장급이 23개, 처장급이 279개, 교무위원급이 35개, 센터장급이 21개이다.[20] 이와 같이 산학협력단의 단장을 총장 산하의 기관장으로 격하시킴으로써 대학의 '지식재산권의 취득 및 관리, 산학협력계약, 관련 회계의 사용 및 관리'에 관한 일체의 권한이 총장으로부터 대부분 처장급의 하부 조직으로 이관되었다. 이는 산학협력단장이 산학협력의 기능에 관한 한 대학의 대표자가 됨을 의미하며, 상황에 따라 대학의 대표자가 총장 또는 산학협력단장이 되는 기형적 구조를 만들었다.

기관의 대표자를 외부에서 강제적으로 이원화하고 이를 인정하는 것 자체가 대학의 입장에서 보면 초법적인 느낌도 든다. 또한 산학협력 업무는 대학 고유 기능 중의 특정한 범위 또는 하위 업무가 아니라 대학의 교육과 연구의 근본적인 업무를 포함하고 있어, 총장이 아닌 별도의 산학협력단장에게 대표성을 부여하는 것은 대학의 지배 구조에 심각한 문제를 발생시킬 소지가 있다. 따라서 산학협력단의 기능 및 설립 취지, 대학의 교육 및 행정적 지배 구조를 감안하면 애초에 대학의 장이 산학협력단의 법

---

20. 교육부, 「2015 대학 산학협력활동 조사보고서」

인 이사장이 되어 학교 자체가 법인격을 가지는 것이 바람직하다. 여기에서 한 가지 언급해두고 싶은 것은 현행법 체계 내에서 총장이 산학협력단장이 되는 것은 아무런 문제가 없다는 점이다. 그럼에도 현재 모든 산학협력단 중에서 총장이 산학협력단장인 경우는 단 한 군데도 없다.

세 번째는 '법인 업무의 함정'이다. 여기에서 법인 업무의 함정을 '산학협력단이 학교 산하기관이라는 정체성보다 법인이라는 지위를 더 강조하여 학교 업무가 산학협력단으로 전가되는 수단으로 활용하게 되는 함정'이라고 정의하고자 한다. 이 함정은 '산학협력단의 업무는 산학협력단 법인에서만 수행해야 한다.'라거나 '연구 계약은 산학협력단장만 체결해야 한다.'라는 잘못된 인식을 갖게 한다.

먼저, 산학협력단의 업무를 산학협력단 법인에서만 수행하는 문제에 대해 생각해보자. 산학협력단 설립 이후 산학협력단 회계에 포함된 연구비 및 기술이전 관련 업무가 학교로부터 산학협력단으로 급속히 이탈되었으며, 동시에 산학협력단 업무를 수행하는 인력이 학교 직원에서 산학협력단 자체 직원으로 대체되고 있다. 이는 산학협력단이 독립법인이기 때문에 산학협력단 회계 내에 포함된 모든 업무를 학교와는 별개로 산학협력단 자체에서 수행해야 한다는 논리가 내포되어 있다. 같은 논리를 학교에 적용하면 학교 회계 자금을 주관하는 재무부에서 학교 업무를 직접 주관하는 것과 같다. 하지만 이러한 현상은 산학협력단이 학교의 하부 조직이면서 별도 법인이라는 지위를 왜곡해서 자신의 업무를 회피하고자 하는 행정조직의 기본적 속성에서 비롯된 것이다. 산학협력단 업무는 학교와 분리될 수 없는 학교의 본질적인 업무이며, 별도 법인의 지위와 관계없이 기존 대학행정조직에서도 분담하여 수행할 수 있고, 또 그렇게 해야 한다.

연구 계약의 체결 주체에 대해서도 생각해보자. 산촉법 제24조는 '① 산업교육기관의 장은 국가, 지방자치단체, 정부출연연구기관 및 산업체 등과 산학협력에 관한 계약(이하 "산학협력 계약"이라 한다)을 체결할 수 있다. ② 제25조에 따라 산학협력단이 설립된 경우에는 제1항에도 불구하고 산학협력단의 단장이 산학협력 계약을 체결할 수 있다.'라고 명시되어 있다. 산촉법에는 산학협력 계약의 주체는 '산업 교육기관의 장', 즉 총장임을 분명히 하였고, 필요에 따라 산학협력단장이 체결할 수 있도록 하고 있다. 따라서 모든 연구비를 산학협력단장이 체결하고 산학협력단의 회계에서 관리해야 하는 것은 아니며, 필요에 따라 총장 또는 총장의 위임을 받은 산학협력단장이 체결할 수 있다.

그럼에도 불구하고 학교의 모든 연구비를 산학협력단장이 주체가 되어 체결하게 된 것은 교육부의 행·재정적 강제 조치 때문이다. 총장의 고유 권한을 외부에서 임의로 제한하고 총장을 배제한 채 산학협력단장을 계약 당사자로 하는 것은 바람직하지 않은 조치이다. 물론 연구비의 투명성과 회계 관리의 편의성 차원에서 산학협력단에서 연구비를 관리하는 장점은 분명히 있다. 문제는 순수한 연구비가 아닌 국고보조금[21] 성격의 재원도 산학협력단에서 관리하는 것이다. 국고보조금은 개별 연구자가 아닌 대학 자체에 지원하는 성격을 가지고 있으며, 대학의 고유 목적인 교육과 연구활동 전반에 영향을 미친다. Brain Korea 21(BK21) 사업, 세계 수준

---

21. 여기서는 국고보조금을 법적·회계적 관점의 용어로 사용한 것이 아니고, 국가에서 대학에 지원하는 각종 재원을 성격에 따라 구분하여 순수한 연구비를 제외한 재정지원금이라는 의미로 사용하였다.

의 연구중심대학(World Class University, WCU) 육성사업, 인문한국(HK) 지원사업, 사회맞춤형 산학협력 선도대학(LINC) 육성사업, 교육역량강화 지원사업, 학부교육 선도대학(ACE) 육성사업 등이 이에 해당한다. 이러한 국고보조금 성격의 연구비는 대학의 공공적 목적을 수행할 수 있도록 수혈을 하는 것과 같다. 하지만 산학협력단을 통한 국고보조금을 지원하는 것은 혈관이 아니라 살에 주삿바늘을 꽂고 수혈을 하는 것과 같다.

네 번째는 '강제성의 함정'이다. 여기에서 강제성의 함정을 '법적으로 선택적 사항임에도 불구하고 상대적으로 우월한 위치에 있는 기관이 행·재정적 조치를 이용하여 강제함으로써 발생하는 함정'이라고 정의하고자 한다. 이 함정은 '산학협력단의 설립은 의무이다.'라는 잘못된 인식을 갖게 한다.

산학협력단의 근본 취지는 대학에 법인격을 부여해주는 것이었다. 특히 국립대학은 지식재산권 등의 소유권을 국가가 아닌 대학 자체에서 가지기 위해서는 법인격이 필요하였다. 하지만 사립대학은 이미 학교재단법인 산하이기 때문에 반드시 별도의 법인을 가질 필요성이 약했다. 산촉법 제25조(산학협력단의 설립·운영)에도 '대학에 산학협력에 관한 업무를 관장하는 조직을 둘 수 있다.'라고 되어 있다. 이는 산학협력단 설립이 대학의 의무가 아니라 선택 사항임을 법적으로 명확히 표현한 것이다.

하지만 교육부는 산학협력단 설립을 사립대학에까지 일률적으로 강제화하기 위하여 정부 연구비를 산학협력단을 통해서만 지급하거나 각종 지표에 산학협력단 운영에 관한 사항을 반영하는 등의 행정적 조치를 하였다. 이와 같이 정부는 특정 목적을 달성하기 위해 행정적, 재정적 힘을 동원하여 대학을 관리해왔다.

정부는 대학의 자율성을 어떻게 보장할 것인가? 정부는 법적, 행정적, 재정적 권한을 가지고 있고 이 권한을 어떻게 사용하는가에 따라서 대학의 자율성에 영향을 미친다. 법에 '산학협력단 설립은 대학의 선택 사항', 즉 대학의 자율적 선택 사항이라고 명시되어 있으므로 행정적, 재정적 권한을 통해 강제화하는 것은 대학의 자율권을 침해하는 행위이다. 산학협력단의 설립 목적이 아무리 좋다 하더라도 대학을 강제화하는 것은 심각한 문제이다. 정부는 '목적이 좋으면 모두 다 하도록 해야 한다.'는 잘못된 신념을 버려야 한다. 그동안 교육부를 비롯한 정부 부처는 이 선을 지키지 못했다.

다섯 번째는 '전문성의 함정'이다. 여기에서 전문성의 함정을 '산학협력 분야의 전문성을 강화하기 위해 산학협력단과 같은 별도의 조직을 신설하는 것은 오히려 학교 전체 조직과 단절되어 대학의 전반적인 산학협력 역량이 더 악화되는 함정'이라고 정의하고자 한다. 이 함정은 '대학의 산학협력 역량을 강화하기 위해서는 산학협력단의 역량을 강화해야 한다.'라는 잘못된 생각을 하게 만든다.

산학협력단이 대학으로부터 독립된 실질적인 조직이 되면, 위에서 언급한 이원화의 함정, 대표성의 함정, 법인 업무의 함정, 강제성의 함정, 전문성의 함정 등으로 인해 대학 전체 조직과 단절되는 현상을 유발하는 등 또 다른 문제를 발생시킨다. 결과적으로 산학협력단을 통한 대학의 산학협력 전문성은 행정조직 측면에서는 강화되었다고 할 수 있으나 실제적으로는 대학과의 단절, 행정 인력의 비정규직화 등을 초래하여 오히려 전문성이 약화된다.

연구비 관리체계도 마찬가지이다. 연구비를 공정하고 투명하게 관리하기 위한 방편으로 산학협력단을 중심으로 연구비를 중앙관리하게 되면 독립성이 확보되고 체계적인 관리를 할 수 있는 긍정적인 면이 있다. 하지만 연구비 관리에만 치중한 전문성 강화는 산학협력단을 연구비 회계 관리 전담기구로 특화시키고, 연구비의 효율적 활용이나 근본적인 연구 역량을 높이도록 하는 역할에는 오히려 부정적인 영향을 미친다.

근원적 치유책, 다시 원점으로

2011년 12월 교육부는 '개방형 기술혁신으로 지식기반경제를 선도하기 위한 대학 산학협력단 역량 강화 방안'을 제시하였다. 이 방안은 대학 자체의 산학협력 기능 강화라는 본래의 목적보다는 산학협력단 조직 강화라는 수단에 치중하는 정책이다. 이는 대학의 고유 권한인 행정조직의 운영까지 정부가 구체적으로 관여함으로써 자율권을 훼손할 우려가 있다. 또한 목적을 이루는 방법은 대학마다 다를 수 있음에도 이 방법을 획일화하는 것은 또 다른 부작용을 유발한다. 2011년 당시 교육부가 제시한 산학협력단 역량 강화 방안 몇 가지만 살펴보자.

· 창업보육기능을 산학협력단 산하로 편입하고, 학교기업을 산학협력단 산하로 일원화(관련 법령 개정 추진 중)
· 산학협력단을 연구비 관리에서 산학연 Control Tower로 위상 강화
· 산학협력단을 처·실 수준 이상의 기구로 정관 또는 학칙 개정
· 대학조직 개편을 위해 '연구비 중앙관리 평가지표'에 반영

· 연구처와 산학협력단을 통합하여 본부 부서화 추진

· 연구비 중앙관리 평가지표 및 LINC 사업 평가지표에 정규직인 대학교 직원 및 전문가 보유 현황을 포함

· 산촉법 시행령에 '학생의 취업 지원' 업무 명시 예정 등

이 정책만 들여다보고 있으면 마치 어느 한 대학교의 기획처 문서를 보고 있는 것이 아닌가 하는 착각이 든다. 하지만 이것은 모두 교육부의 정책 내용이다. 정부에서 대학 정책에 이처럼 세세하게 관여하고 있다는 사실을 자각하는 것 자체가 문제 해결의 출발점이다. 이것이 산학협력 정책 이전에 대학의 자율성을 먼저 논의해야 하는 이유이다.

정부는 대학의 자율권을 훼손할 우려가 있는 산학협력단 관련 정책들을 행·재정적 지원 및 통제를 통해 강제적이고 획일적으로 시행하는 것보다는 대학의 자율에 맡기는 것이 바람직하다.

대학은 교육의 관점에서, 연구의 관점에서, 사회봉사의 관점에서 볼 수도 있으며 또 다른 관점으로도 볼 수 있다. 이 관점은 본질에서 분리될 수 없는 하나에서 파생되는 다양한 모습들에 불과하다. 지금까지 정부 주도의 산학협력단 정책은 성공적이지 못했음을 정부는 인정해야 한다. 잘못된 정책 목표와 방향은 그대로 두고 계속해서 다양한 수단만 강화하는 것은 향후 더 큰 문제를 발생시킨다. 이는 감기 환자에게 먹고 있는 감기약이 효과가 없다고 복용량만 늘려 먹도록 하는 것과 같다.

정부가 근본적으로 바라는 것이 대학의 변화라고 한다면, 대학과 산업 혁력단 두 조직을 다시 근원적으로 일원화하는 정책으로의 전환이 필요하다. 산학협력단 법인을 학교와 일치시키기 위한 단기적 전략으로는 총

장이 법인 이사장이 되도록 유도하는 방법을 택할 수 있다. 장기적으로는 산학협력단 이전의 대학조직으로 환원되도록 하고, 대학의 법적인 권리 주체 문제만 최소한으로 보완하는 방법을 택할 수도 있다. 이 방법은 정부의 현재 정책 방향과 180도 다른 것처럼 보일 수 있으나, 대학의 산학협력 역할을 강화하고 산학협력단 문제를 해결하고자 하는 정부의 근본적 목적과 같은 길이다.

공자의 화동론(和同論)에 대해 신영복 교수는 '군자는 다양성을 인정하고 지배하지 않으며, 소인은 지배하려 하며 공존하지 못한다.'라고 풀이했다.[22]

산학협력단 문제의 해결 실마리를 '다양성을 인정하고 지배하지 않는' 화이부동(和而不同)에서 찾아볼 수 있다. 또한 문제 원인을 '공존하지 못하고 지배하려는' 동이불화(同而不和)의 관점에서 찾아볼 수도 있다. 지금까지의 정부의 산학협력단 정책은 화이부동이 아닌 동이불화에 더 가까워 보인다. 대학의 다양성보다는 정부가 주장하는 '하나의 논리[同]'에 따라 대학을 지배하려는 경향은 없었는지 반성할 필요가 있다.

다양성은 생물학적 관점에서도 매우 중요하다. 최재천 교수의 『다윈 지능』에 의하면 조류 인플루엔자 바이러스가 우리가 기르는 닭들에는 치명적인 결과를 가져오는 것은 거의 '복제 닭' 수준의 빈곤한 유전적 다양성 때문이라고 설명한다. 반면 야생 조류의 개체군은 유전적으로 다양한 개체들로 이뤄져 있으므로 그들 중 한두 마리가 감염되어도 좀처럼 전체로

---

22. 君子 和而不同 小人 同而不和. 신영복, 『강의』「논어의 자로(子路)」

번지지 않는다고 한다. 그 바이러스에 대한 면역력이 부족한 개체들 일부가 죽어 나갈 뿐 유전적으로 다른 대부분의 개체는 살아남아 자손을 퍼뜨려 죽은 개체들이 비워 준 공간을 메우며 살아간다는 것이다.

정부와 대학, 산학협력단 간의 관계는 어떠한가? 산학협력단은 대학이라는 자연환경 속에서 정부에 의해 길러진 '복제 닭' 수준은 아닌지 살펴볼 일이다.

제4장

세법과 산학협력단

부가가치세와 연구 계약

2014년 여름, K 대학교와 지원 기관인 K 출연(연) 간의 연구비 협약 체결 절차는 마무리 단계로 접어들고 있었다. 이 연구비 계약의 당사자 관계는 지원을 하는 K 출연(연)이 갑, 지원을 받는 K 대학교가 을, 연구비를 실제로 사용하는 K 융합대학원이 병(丙)이 된다.

당시에 이 연구비 계약이 담당 행정 업무 중의 하나였는데, 전년도에 이어 계속 지원되는 연구비라서 기존의 협약서 내용 중 일부 내용만 수정해서 체결하면 되는 일이었다. 그렇게 처리해서 K 대학교의 산학협력단[23]에 협약서와 연구계획서를 보냈고, 산학협력단이 지원기관인 K 출연(연)과 협약 체결 절차를 마무리해주기를 기다리고 있었다.

---

23. 산학협력단은 대학 총장 산하의 특수법인으로서 대학의 모든 연구비를 관리하는 조직이다. 산학협력단에 대해서는 앞장을 참고하기 바란다.

그런데 산학협력단에서 K 융합대학원에 뜻밖의 검토 의견을 보내왔다. K 융합대학원에서 보내준 내용대로 협약을 체결한다면 이 과제는 부가가치세 납부 대상이 된다는 것이다. 그래서 지원기관인 K 출연(연)에서 총연구비의 10%에 해당하는 부가가치세를 부담하든지 아니면 총연구비에서 부가가치세를 납부하고 나머지 금액으로 연구비를 다시 책정해서 보내달라는 것이다.

이게 무슨 소리란 말인가? 지난해에도 전혀 문제가 되지 않았던 연구비가 올해 갑자기 부가가치세 대상 과제가 되다니! 순풍을 만난 돛단배처럼 순항할 것 같았던 협약 체결 과정은 갑자기 암초를 만난 상황이 되어버렸다. 산학협력단 담당자에게 그 자초지종을 물으니, 부가가치세 관련 법령이 바뀌어서 그렇다는 답변이다. 바뀐 내용은 이렇다.

면세의 범위를 정한「부가가치세법 시행령」제45조 제2호에는 원래 '학술연구단체나 기술연구단체가 학술연구 또는 기술연구와 관련하여 공급하는 재화 또는 용역(「산업교육진흥 및 산학연협력촉진에 관한 법률」에 따라 설립된 산학협력단이 제공하는 연구 용역의 경우에는 2013년 12월 31일까지 제공하는 것으로 한정한다)'이라고 되어 있었고, 괄호 안의 조항은 적용 기한이 한시적인 일몰기한 규정으로서 그동안 계속해서 연장되어 왔었다. 그런데 법이 개정되면서 일몰기한이 더 이상 연장되지 않아 괄호 안의 조항이 삭제되었고, 결과적으로 2014년 1월 1일 이후에 계약을 체결하는 연구 과제부터는 산학협력단이 부가가치세 면세 적용을 받을 수 없게 된 것이다.

난감한 일이 아닐 수 없었다. 신속히 상황 파악을 하면서 다른 대안을 모색했다. 우선 산학협력단에 대안이 있는지 물었더니, 연구 결과물의 소유에 따라 면세가 가능할 수 있다고 조언을 해주었다. 즉 지원기관인 갑이 연구 결과에 대한 대가를 가져가지 않고, 그 결과물의 소유권을 지원을 받는 을에게 모두 인정한다면, 이는 기부금과 동일한 순수 지원금으로서 세법상 거래가 아니기 때문에 부가가치세를 언급할 여지가 없다는 것이다. 세금 부과가 없기 때문에 면세라고 편의상 표현하는데, 이는 엄밀하게 따지면 잘못된 표현이라는 말까지 덧붙여주었다.

'됐다! 그러면 부가가치세라는 돌발 변수를 해결할 길이 있겠구나.'라고 생각해 이 방법으로 문제를 해결하기로 했다. 우선 협약서 조항 중에 '이 계약으로 발생하는 연구 기자재 및 연구시설, 일체의 연구 결과나 그에 따른 지식재산권은 갑과 을의 공동 소유로 한다.'는 내용을 '이 계약으로 발생하는 연구 기자재 및 연구시설, 일체의 연구 결과나 그에 따른 지식재산권은 을의 소유로 한다.'라고 내용을 조정한 후, 갑의 위치에 있는 K 출연(연)에 수정 제안을 했다. 하지만 K 출연(연)의 연구관리 부서에서 제안을 검토하고 보내온 답변 내용은 부정적이었다.

"귀 대학에서 수정 요청해오신 협약서로 변경은 어렵습니다. 기본적으로 과제 관리상의 문제가 발생할 경우, 모든 근거는 협약서와 사업계획서 내용을 통해 판단을 하게 되어 있으므로 면세를 위해 협약서 내용을 변경하는 것은 추후 큰 문제를 야기할 수 있을 것으로 보입니다. 귀 대학의 의견에 대해서는 K 출연(연) 관련 부서에서도 보고를 통해서 충분히 검토가 되었고, 세법 변경으로 인해 본 과제에 부득이하게 과세를 하게 되는 점에 대해서는 귀 대학에서 감수를 하셔야 될 부분으로 사료됩니다."

부득이하게 과세가 되더라도 K 대학이 감수를 하라는 내용은 K 출연(연)

의 입장에서 보자면 충분히 이해가 된다. 원칙적으로 부가가치세는 을이 갑에게 청구하는 것이 맞지만, K 출연(연)은 영리단체가 아닌 국책연구기관이기 때문에 이 연구비는 궁극적으로 국가의 재정지원과 같은 성격을 가지고 있음을 고려하면 K 출연(연)이 부가가치세를 부담하는 것은 현실적으로 불가능하다. 그렇다 해도 협약 변경도 어렵고 과세가 발생해도 을이 알아서 해결해야 한다는 K 출연(연)의 주장은 수긍하기 어려웠다. 지난해 연구 계약 체결 때와는 조건이 바뀌었기 때문에 현 상황에 맞는 최선의 대안을 찾는 노력이 먼저이다. 하지만 계약의 당사자인 K 출연(연)이나 K 대학교의 실무자들은 부가가치세 납부 여부에 대해서는 별로 관심이 없는 듯했다. 이는 총연구비에서 부가가치세를 내게 될 상황에 처한 K 융합대학원만의 고민이 되어버렸다.

　대안을 찾기 위해서 유관 단체들을 협력의 마당으로 나오게 하는 임무가 생겼다. 이것은 대안을 마련하는 일보다도 더 중요하고 어려운 일일 수도 있다. 대안은 스스로 공부하거나 전문가의 도움을 받아 찾으면 된다. 하지만 행정은 혼자서 할 수 있는 일이 아니다. 각 조직과 그 속의 구성원은 역할이 서로 다를 뿐 아니라 여러 조직이 관여하는 의사결정 과정도 복잡하다. 이들로부터 긍정적 도움을 얻기 위해서는 미묘한 행정의 작용원리와 사람들의 심리를 파악하고 대응해야 한다. 더구나 이 협약은 행정의 방식이나 업무 관행이 서로 다른 두 기관 간의 일이다. 쉽지 않은 과정이지만 내가 대안을 찾지 않으면 엉뚱한 논쟁으로 이어질 가능성이 있고, 궁극적으로는 양 기관의 협력에 큰 차질을 빚을 수도 있을 것이다. 섬세한 행정의 손길이 필요한 순간이었다.

　어디에서부터 다시 시작할까? 무엇보다도 이 일에 관계된 모든 부서와 구성원들에게 사건의 전후 사정과 문제의 핵심을 서로 정확히 이해시키는 것이 중요하다고 판단했다. 중요한 사안인데도 이제까지는 양 기관의 연구관리 부서 간에 연구비 또는 세무관리 실무 중심으로만 논의를 주고받았다. 그리고 나는 두 부서의 의견을 조율하는 역할만을 하고 있었다. 따라서 대안 마련을 위해서는 연구관리 부서 이외에 양 기관의 협력 사업을 주관하는 정책 부서까지 논의를 확장하는 것이 필요했다. 그래서 그동안의 과정을 정리하고 의견을 보태서 양 기관과 관련된 모든 부서에 동시에 메일을 보냈다.

메일을 통해 각자의 논리로만 대응하는 부서 이기주의를 극복하고 더 큰 논의가 이루어질 수 있는 계기가 되기를 기대했다. 하지만 양 기관의 연구관리 부서는 각자의 위치에서 여전히 소극적으로 대응했다. 안정적인 연구비 관리를 우선할 수밖에 없는 해당 부서의 입장에서는 당연한 태도였다. 그래도 서로의 문제점을 인식하고 개선의 필요성에 공감했다는 점에서 메일 발송의 효과는 만족할 만했다. 결국 대안을 제시하는 일은 실제로 연구를 수행해야 하는 K 융합대학원의 몫이었고, 나의 일이었다. 그래서 부가가치세법을 살펴보는 일부터 시작했다. 모르는 것은 산학협력단 회계사에게 수시로 물어봤다. 공부하면서 질문하고, 회계사가 답하는 과정 중에 회계사가 새로운 대안을 제시했다. 바로 '교육용역'에 관한 것이었다. 이와 관련된 법의 내용은 이렇다.

「부가가치세법」 제26조(재화 또는 용역의 공급에 대한 면세)에 '다음 각 호의 재화 또는 용역의 공급에 대하여는 부가가치세를 면제한다.'라고 되어 있고, 그 아래에 '6. 교육용역으로서 대통령령으로 정하는 것'이라고 규정되어 있다. 이를 구체화하기 위해 하위법인 「부가가치세법 시행령」 제36조(면세하는 교육용역의 범위)에 '법 제26조 제1항 제6호에 따른 교육용역은 다음 각 호의 어느 하나에 해당하는 시설 등에서 학생, 수강생, 훈련생, 교습생 또는 청강생에게 지식, 기술 등을 가르치는 것으로 한다.'라고 되어 있고, 그 아래에 '3.「산업교육진흥 및 산학연협력촉진에 관한 법률」제25조에 따른 산학협력단'이라고 규정되어 있다. 한마디로 요약 정리하면, 산학협력단의 교육용역 사업은 면세라는 것이다.

대가성 없는 연구 용역 협약 제안이 양 기관에서 받아들이기 어렵다면 교육용역의 관점에서 제안해보기로 했다. K 융합대학원에서 연구비가 어떻게 쓰이고 있는지를 누구보다도 잘 알고 있었기에 이 협약이 교육용역에 적합하다는 것을 확신했다. 새로운 돌파구를 찾은 즉시 협약서를 교육용역에 맞게 작성한 후 양 기관의 관계 부서에 보냈다. 양 기관은 이 새로운 제안에 긍정적이었다. 이후 교육용역을 바탕으로 몇 번의 문구 수정 작업을 거쳐 협약을 마무리했다. 산학협력단에서 부가가치세에 대한 문제를 제기한 이후 일주일 만에 사업계획서 협약이 체결된 것이다.

어떤 일이 좋은 결과로 끝을 맺으면 실현되지 않은 좋지 않은 결과는 상상하지 않는다. 따라서 좋은 결과로 이어지게 만든 과정 또한 과소평가되고 쉽게 잊힌다. 반대로 좋지 않은 결과로 끝나는 경우에는 기대했던 결과가 실현되지 않은 것을 크게 아쉬워한다. 따라서 좋지 않은 결과로 이어지게 된 과정에서의 문제점을 크게 부각시키게 된다.

연구비 과세 문제에 대한 결과는 다행히 좋았다. 좋지 않은 결과를 예상한다면 부담하지 않아도 됐을 부가가치세를 납부하는 것이었을 터인데 상황은 그것만으로 끝나지 않았을 것이다. 이로 인해 양 기관의 협력 사업은 삐걱거리게 됐을 것이고, 부가가치세 납부 원인을 두고 양 기관장까지

나서서 국세청을 상대로 쟁점화됐을 가능성도 있다. 나아가 부가가치세 적용에 대한 그릇된 선례를 남겨 다른 연구 과제 전반에 좋지 않은 영향을 미치게 되었을지도 모른다.

두 결과의 차이는 크지만 어느 길로 들어서게 될 것인지는 여러 주체 간의 미세한 상호작용을 통해 결정된다. 그 작용 주체 중의 하나는 행정력인데 그 실체가 잘 보이지가 않는 특성이 있다. 이 글은 그 행정적 과정이 잘 보이도록 기록한 것이다. 대학행정에 대해, 국가의 관료제 작동 방식에 대해, 세금이라는 것에 대해, 대학에서의 산학협력단이라는 조직에 대해 생각해 볼 가치가 있기 때문이다.

상식과 법

처음 연구비에 대한 부가가치세 문제가 불거졌을 때, 세법에 문외한인 나로서는 편견을 갖거나 일반적인 상식으로만 생각할 수밖에 없었다.

'국가에서 대학에 지원하는 재원인데 어떻게 과세 대상이 되지?'

'과세할 바에야 차라리 90%만 지원하지, 왜 번거롭게 일을 하는 거야?'

'아예 떼고 주면 세금이라고 할 수 있는 거야?'

'세금이 뭐지?'

머릿속에서 여러 생각이 들쑥날쑥 튀어나왔다. 하지만 이내 생각을 고쳐먹었다. 국민의 4대 의무 중의 하나인 납세에 대한 의심을 버리고, 세법을 너무 몰라서 그러려니 하며 마음을 가다듬고 공부를 좀 해보기로 했다. 그런데 법이 대학에서 적용되는 현실을 보고 나니 법보다 중요한 무언가를 우리가 잃어버리며 살고 있지 않은지 또 다른 의구심이 들었다.

> 면세가 적용되는 '새로운 학술 또는 기술개발을 위하여 수행하는 새로운 이론, 방법, 공법 또는 공식 등에 관한 연구용역'에 대한 국세청 예규 등의 해석이 불분명하거나 제한적이므로 산학협력단의 원칙은 지원금을 제외한 모든 용역(특히 산업체 대상)과제에 대하여 부가가치세 과세를 적용합니다.

이 내용은 「부가가치세법 시행령」에서 '산학협력단이 제공하는 연구 용역에 대한 부가가치세 면세 관련 내용이 일몰 폐지로 확정됨(2014.02.21.)'에 따라 산학협력단이 교내 연구자들에게 안내한 내용이다. 그런데 이 문구는 나의 상식적인 기대와는 조금 다른 내용이었다. 그래서 부가가치세법에서 시행령으로, 시행령에서 다시 시행규칙으로 따라 내려가며 규정을 검토했다.

면세가 적용되는 '새로운 학술 또는 기술개발을 위하여 수행하는 새로운 이론, 방법, 공법 또는 공식 등에 관한 연구 용역'은 「부가가치세법 시행규칙」에 근거한 것인데, 이는 「부가가치세법 시행령」 제42조(저작가 등이 직업상 제공하는 인적 용역으로서 면세하는 것의 범위)의 '기획재정부령으로 정하는 학술연구 용역과 기술연구 용역' 조항을 하위 규정에서 구체화한 것이다.

간단히 정리하면 특정 조건에 해당하면 면세를 해주겠다는 조항이다. 면세될 수 있는 조항은 이것뿐만이 아니었다. 연구비에 대해 면세가 가능한 다른 조항들도 더 있다. 그런데 정작 대학의 연구비 관리 현장에서는 이런 조항과는 관계없이 과세를 적용하겠다고 선언해버렸다. 이유는 '국세청 예규 등의 해석이 불분명하거나 제한적'이기 때문이라고 한다. 차후에 세무 실사를 통해 세금을 추징당할 수도 있으니 안전하게 그냥 부가가 치세를 납부하자는 산학협력단의 보수적 입장은 수긍이 가는 부분도 있었다. 하지만 이것은 산학협력단의 보수적 자세와는 근본적으로 다른 문제가 있었기에 이 상황을 받아들이기 어려웠다. 그래서 산학협력단에 한 가지 제안을 했다.

"그러면 국세청에 미리 자문하는 것은 어떤가요?"

하지만 이 제안은 현실적으로 불가능하다고 답변했다. 어느 세무공무원도 책임 있게 미리 답을 줄 수 없다는 것이다. 다시 다른 제안을 했다.

"그러면 회계 법인에 자문하는 건요?"

그런데 회계 법인을 통해 간단한 자문을 구하는 비용이 최소 500만 원은 될 것이라고 한다. 더구나 그 자문이 나중에 세무 실사가 나왔을 때 확실한 판단 근거가 되는 것도 아니고 참고용으로밖에 활용 가치가 없다고 한다. 이쯤 되어서야 나는 산학협력단이 왜 자포자기 상태로 자진 납세의 태도를 유지하려는지 어느 정도 수긍할 수 있었다.

세법은 알면 알수록 복잡하고, 해석이 필요한 조항도 많다. 이에 맞추어 K 융합대학원 연구비도 부가가치세를 면세받기 위해 처음에는 대가성이 없는 연구 목적에 초점을 맞추었다가 다음에는 교육 목적으로 전환하였다. 세법의 관점에서는 대학의 연구비 목적이 연구냐 교육이냐가 중요한 판단 기준이었기 때문이다. 하지만 회계장부 밖의 현실 세계에서 이를 명확히 구분하는 것은 불가능하다. 대학의 연구비는 연구와 교육, 두 가지 목적을 모두 포함하고 있는 것이지 100% 어느 한 목적을 위한 연구비로 구분할 수 없다. 더구나 면세의 기준이 '새로운 학술 또는 기술개발을 위하여 수행하는 새로운 이론, 방법, 공법 또는 공식 등에 관한 연구 용역'이라고 한다면 이를 현실 세계에서 어떻게 구분할 수 있단 말인가?

상식적이란 말은 한 집단의 다수가 보편적으로 이해하고 있다는 뜻일 것이다. 그런 면에서 연구 용역에 대한 세법의 해석은 다소 상식적이지 않은 것 같다. 그렇다 하더라도 세법은 강력한 공권력이 지키고 있고, 그 법을 지켜야 하는 국민들은 비록 정당한 면세에 해당될지라도 그냥 세금을 내고 맘 편히 지내는 것이 낫겠다는 생각을 한다. 결국 국가는 아무 일도 하지 않고 가만히 있었지만 우리는 스스로 면세를 포기하고 자진 납세하는 방법을 택하는 것이다.

우리는 세금 문제가 아니라 뭔가 또 다른 큰 것을 잊고 사는 것은 아닌지 모르겠다. 우리는 법에 대한 복종자이기 이전에 법에 대한 평가자며 창조자이다. 그러나 나를 포함해 연구비 과세 논란 과정에서 만나게 된 사람들 모두 스스로 판단하기를 포기하고 복종하는 데 익숙해져 있었다. 왜 이렇게 됐을까? 이러한 상황은 누군가의 의도 때문이 아니라 우리가 무의식적으로 전문화된 관료주의 시스템에 종속돼 있기 때문일 것이다. 여기에는 반드시 전문화의 부작용과 관료제의 그늘이 존재한다. 부가가치세를 포함한 세법은 일반인의 상식을 넘어선 고도의 전문화된 집단이 수행해야 하는 영역이다. 그들은 세상을 장부에 기록할 수 있는 형태로 전환하여 인식하고, 세금을 부과할 합리적 방법을 찾는다. 하지만 세상의 모든 일을 장부로 기록하는 것은 불가능하다. 우리는 이 점을 너무 쉽게 간과하고 살아가고 있는지 모른다. 과학이 눈부시게 발달했지만, 아직도 로봇이 제대로 된 젓가락질을 하기 어려운 수준임을 생각해야 한다.

세법을 통해 본 산학협력단

대학의 연구비에 대한 부가가치세 논란을 정확히 이해하기 위해서는 먼저 '산학협력단'이라는 조직의 실체에 대해서 이해해야 한다. 앞에서 언급한 바와 같이 산학협력단은 대학 총장 산하의 특수법인으로서 2003년에 설립 근거에 관한 법령이 마련된 이후 대부분의 대학에서 산학협력단을 설립하였다. 하지만 산학협력단은 대학 내부의 조직관계에서나 대학과 사회와의 관계에서도 왜곡된 결과를 만드는 원인이 되고 있다. 앞서 언급한 부가가치세 논란도 산학협력단의 영향이 있다.

'산학협력단'이라는 용어는 「부가가치세법」에는 등장하지 않고, 「부가가치세법 시행령」 제26조와 제36조 그리고 2013년 12월 31일까지 존재했던 문제의 제45조에 언급되어 있었다. 먼저 시행령 제36조를 보자. 이 조항은 '면세하는 교육용역의 범위'인데 2013년 2월 15일 시행령이 개정되면서 '학교'와 '산학협력단'을 동시에 표기하면서 '산학협력단'이라는 용어가 등장하게 된다. 이것은 세법에서 산학협력단이 대학 밖의 독립적 조직으로 인정되고 있다는 것을 의미한다.

시행령 45조에는 산학협력단이 좀 더 먼저 등장한다. 앞서 살펴보았던 것처럼 부가가치세법시행령(종교, 자선, 학술, 구호 등의 공익 목적 단체가 공급하는 재화 또는 용역으로서 면세하는 것의 범위) 제45조 제2호는 '학술연구단체나 기술연구단체가 학술연구 또는 기술연구와 관련하여 공급하는 재화 또는 용역(「산업교육진흥 및 산학연협력촉진에 관한 법률」에 따라 설립된 산학협력단이 제공하는 연구 용역의 경우에는 2013년 12월 31일까지 제공하는 것으로 한정한다.)'라고 되어 있었다. 여기에서 괄호 안의 조항은 2006년 2월 9일 규정 개정 시에 반영된 내용이다.

이처럼 세법에서는 산학협력단이 이미 대학 밖의 조직으로 인식되고 있다. 그렇다면 이러한 관계가 대학의 연구비에 대한 과세 문제를 명확하게 해결해줄 수 있을까? 안타깝게도 현실은 산학협력단이 존재하지 않았던 때보다 더 혼란스러운 상황이 된 것 같다. 어느 대학교 연구비 관리 담당자도 혼란스러웠던 모양이다. 그 직원은 2010년에 국세청에 아래와 같이 질문을 했다.

> 학술연구단체 또는 기술연구단체가 학술연구 또는 기술연구와 관련하여 공급하는 재화 및 용역에 대해 면세를 규정하고 있습니다. 그런데 구체적으로 학술연구단체의 정의에 대해서는 부가가치세법 및 동 시행령에서 명시하고 있지 않은 바, 학술연구단체의 범위에 대해 문의를 드립니다.

이 질문에 대한 국세청 답변 내용은 이렇다.

> 귀 상담의 경우 대학교는 교육기관으로서 교육용역을 제공하는 것이 본래의 목적인 기관인 바, 대학교는 학술연구단체는 아닌 것으로 판단됩니다. 대학교에서 대가를 받고 학술연구 용역을 제공하는 것은 대학교 자체가 아닌「산업교육진흥 및 산학연협력촉진에 관한 법률」에 따라 설립된 산학협력단이 학술연구 용역을 제공하는 것으로 보입니다.
>
> 대학교는 교육기관으로서 학술연구단체는 아닌 것으로 판단되나 본 상담원의 견해를 답변으로 게재하는 것은 적절치 않은 것으로 사료되는 바, 귀 질의의 경우 관련법령을 신중하게 검토하여야 할 사항으로 별도로 정식의 민원절차에 따라 사실관계를 구체적으로 기재하고 참고자료를 첨부하여 '세법해석 사전답변제도'

를 이용하거나 '서면질의'할 수 있음을 알려드립니다.

그리고 답변 자료의 마지막 문구에는 "본 답변은 신청자가 제시하는 자료만을 근거로 작성하였으며, 법적 효력을 갖는 유권해석(결정, 판단)이 아니므로 각종 신고, 불복청구 등의 증거자료로서의 효력은 없습니다."라고 적혀 있었다. 이 답변이 공식적인 것이 아니고 담당자의 개인 견해라는 사실은 일단 인정하자. 그렇다 하더라도 이 답변을 통해 산학협력단의 정체성에 대해 살펴보는 것도 의미가 있을 것이다.

위 질의응답 내용을 보면 면세의 범위에 들어가는 '학술연구단체'에 대학이 포함되는지에 대한 해석이 애매하고, 이에 관한 어떤 판례도 존재하지 않는 것을 확인할 수 있다. 하지만 「부가가치세법 시행령」 제45조 괄호 안에 존재했던 '산학협력단'이라는 조직의 존재 자체가 이 해석에 어느 정도 영향을 미치고 있음을 알 수 있다. 국세청 답변(비록 공식적인 답변은 아니지만)을 보면 대학과 산학협력단을 별도의 조직으로 인정하고 대학은 교육 용역, 산학협력단은 학술연구 용역을 제공하는 기관으로 구분하고 있는 것이다.

산학협력단의 본질적 업무가 무엇인가를 생각하면, 산학협력단은 분명히 대학 안에 포함되는 하나의 조직이고 그래야만 한다. 그런데 세법에서는 산학협력단이 대학 밖의 조직이 되어버렸고, 이에 따라 대학에 적용되는 기준과 산학협력단에 적용되는 기준이 별도로 필요하게 되었다. 결과적으로 분리될 수 없는 대학의 본질적 기능인 연구와 교육 영역이 이제는 산학협력단과 영역 분쟁을 해야 하는 이상한 상황으로 변질된 것이다. 이는 산학협력단의 정체성에 대한 문제뿐만 아니라 대학조직 자체를 위험하게 만드는 일이다. 위에서 언급한 작은 사례를 통해 산학협력단의 정체성에 대해 다른 시각에서 볼 수 있는 계기기 되었으면 한다.

대학행정으로 본 사회적 이슈

사회적 이슈들

대학과 사회는 연결되어 있고, 사회의 많은 이슈들이 대학과 관련되어 있다. 사회적으로 이슈가 되는 문제들 대부분은 다수의 조직, 사람, 제한된 조건 등이 얽힌 관계의 문제이다. 그 관계를 다루는 것이 행정이고, 행정을 하는 사람들은 그 관계가 어떻게 연결되어 있고 어떻게 풀어야 하는 것인지 나름대로의 관점을 가지고 있다. 그런데 대체로 행정은 사회적 문제에 있어서 그림자처럼 존재한다. 대학행정도 그래왔다.

대학과 관련된 사회적 문제를 해결하는 데 때로는 대학행정인의 관점이 필요하다. 이것은 단순한 주장에 머무르는 것이 아니라 결과로 증명할 수 있다고 믿는다. 이를 위해서는 대학행정인 스스로가 사회적 이슈에 대해서 의자를 당기고 앉아서 적극적으로 논의에 참여하여 좀 더 나은 사회적 결과를 만들어내야 한다.

다음 글들은 사회적 이슈에 대해 대학행정인의 관점에서 생각해본 것을 신문사에 기고하거나 교내 행정망을 통해 공개한 내용들이다. 2014년 1월, 삼성에서 채용 요건으로 대학총장추천제를 발표한 것이 내 생각을 적극적으로 표현하게 되는 계기가 되었다. 당시 '삼성의 채용제도(대학총장추천제) 유감'이라는 제목으로 교내 행정망에 글을 올렸다. 이 글은 한 신문사에서 관심을 가져서 기사화될 예정이었으나 삼성이 여론의 뭇매를 맞고 해당 제도를 철회하게 되어 더 이상 진행되지 않았다. 며칠 후 나는 이 문제를 교내 행정토론회로 옮겨와 동료 직원들과 함께 고민해보는 시간을 가졌다. 다음에 등장하는 첫 번째 글이 그때 쓴 글이다. 두 번째 글인 '취업시장 안정화를 위한 제언'은 이때 행정토론회에서 발표한 글이다.

그 이후 그해 5월에는 단원고 학생들의 대입 대책 건의, 6월에는 국방부의 군 복무 학점 인정 방안에 대한 의견, 11월에는 아파트 경비원 감원에 의견, 2016년 1월에는 시간강사법 유예에 대한 의견을 신문사에 연속해서 투고했는데 신문사는 단 한 번도 거절하지 않고 모두 기사화해주었다. 여기에는 세 편의 기고문을 포함해 다섯 편의 글을 순서대로 실었는데, 시간강사법 유예에 관한 글은 내용과 관련해 2부 첫 장 '시간강사와 국가인재풀'에서 미리 다뤘다. 네 차례의 투고 과정 중에 내 소개를 항상 대학행정인으로 해 달라고 했는데 신문사는 앞의 세 차례는 항상 'K 대학교 행정직원'이라고 고쳐서 소개했다. 신문사의 입장에서 보면 대학행정인이라는 이름 없는 개인보다는 대학의 이름값이 더 필요했을지도 모른다. 하지만 네 번째 기사에는 요청 사항이 받아들여져 그대로 '대학행정인'이라 기재해주었다. 이것은 사회가 대학행정인의 생각이 사회 문제를 해결하는 데 유효하다는 것을 인정한 것이 아닌가 하는 자평을 해본다.

삼성의 채용제도(대학총장추천제) 유감[24]

삼성그룹은 지난 1월 15일에 채용제도 개편안을 발표했다. 그중에는 200개 대학의 총·학장으로부터 연간 5천 명을 추천받아 서류심사를 면제해주는 소위 '총장추천제' 방안도 포함되어 있다. 그리고 이틀 후 한국대학교육협의회(대교협)는 이 개편방안을 환영한다는 입장을 밝혔다. 이와 같은 삼성의 총장추천제에 대해 몇 가지가 우려된다.

첫째, 삼성에 의한 대학의 서열화이다. 서열화가 불가피할 수밖에 없는 이유는 대학별 추천인원의 제한조건 때문이다. 추천인원을 제한한다면 200여 대학에 추천인원을 배분해야 하는데 이때 어떤 배분 방식이든지 분란의 원인이 될 것이고, 삼성의 어느 한 부서에서 우리나라 대학들을 서열화하는 막강한 권력을 가지게 되는 것은 당연한 이치이다(삼성에서 임의대로 배정해서 대학에 통보했다고 하니 첫 번째 우려 사항은 이미 진행 중이다). 이는 사설 학원이 대학배치표를 가지고 대학을 서열화하는 것보다 사회적 영향력이 더 강력할 것이다. 대학은 삼성으로부터 정해진 추천권을 하나라도 더 얻어내기 위해 무한 노력을 할 것이다. 물론 그 노력은 우수한 학생들을 가르치려는 것보다는 당장 삼성에 대한 로비에 더 심혈을 기울일 것이다.

둘째, 제한된 정원을 대학 총장에게 주는 행위 자체가 대교협이 "우리 사회의 고질적 문제로 지적돼 온 학벌주의 채용과 스펙 중심 채용을 전면 개선해 능력 중심 사회로 도약하는 계기가 될 것"이라고 평가한 내용

---

24. 이 글은 2014년 1월 27일에 교내 행정망에 올린 글이다. 이와 인과관계가 없지만 다음 날인 1월 28일, 삼성은 신입사용 채용제도를 전면 유보한다고 발표했다.

과 전면 배치된다는 것이다. 과거 삼성은 입사지원서에 학력을 기재하지 않은 열린 채용을 선언한 바 있다. 같은 맥락이라면 대학 졸업자뿐만 아니라 누구에게나 도전할 기회는 제공되어야 한다. 총장추천제는 그 기회를 원천적으로 차단해버렸다. 그런데도 삼성이나 대교협은 이 제도가 어떻게 학벌주의와 스펙 중심의 채용을 개선한다고 평가할 수 있는가?

셋째, 대학은 삼성 입사시험 대행회사가 될 것이다. 이는 정해진 인원의 추천이라는 제도 특성상 당연한 귀결이다. 일반적으로 추천은 학생들을 가까이에서 지켜볼 수 있는 지도 교수의 추천서 정도를 요구하는 것이 합리적이다. 그런데 대학별로 추천인원을 제한하고 지도 교수가 아닌 대학의 장인 총장에게 그 추천권을 행사하라고 한다는 것은 사실상 대학 내부에서 1차적으로 선발절차를 거쳐달라는 의미이다. 말이 총장추천제이지 실상은 삼성이 그들이 해야 할 입사시험 업무를 대학이 대행하는 것과 다름이 없다. 왜 대학들이 기업체의 신입사원 채용업무를 자기 비용을 들여가면서 해야 한단 말인가?

넷째, 대학이 기업과 구직자 사이에서 비정상적인 역할을 하게 될 것이다. 대학이 삼성입사시험을 대행해준다고 하자. 그런데 여기에 한 가지 중요한 전제 조건이 있다. 삼성은 총장추천제에 따른 지원자를 바로 받아주는 것이 아니라 단지 서류심사를 면제하는 것이고 다시 그들의 기준에 따라 선발절차를 거쳐야 한다는 것이다. 그러면 대학은 어떠한 기준으로 삼성입사후보자를 선발할 것인가? 본선 경쟁력을 높이기 위해서는 삼성의 선발 심사기준을 그대로 적용해서 시험을 치르는 것이 가장 합리적일 것이다. 결국 "앞으로 대학은 조금의 부작용 없이, 인성과 실력을 갖춘 인재가 공정하게 선발될 수 있도록 대학의 명예를 걸고 추천할 것"이라는 대교협의 목소리는 전혀 현실성이 없는 얘기가 될 것이고, 대학의 총장추천제 선발 시험은 삼성의 입사시험 문제와 유사해질 것이다. 기업과 구직자 사이에 이제는 총장과 교수들이 발 벗고 나서서 기업체의 입사시험 문제를 파악하고 족집게 과외를 해야 한다는 뜻이다. 대학은 총장추천제를 통해 삼성 입사시험 본선에 올라간 학생들이 상대적으로 많이 합격하기를 기원해야 하고 그 결과도 책임져야 하는 입장으로 바뀌게 될 것이다. 그리고 본선에서 삼성에 많이 합격시킨 대학은 마치 고시 합격생들처럼 정문에 플래카드라도 달게 될지 모른다. 대학과 학생과의 관계가 대입학원과 수강생과의 관계로 변질되고, 구직자 개인의 문제가 이상한 형태로 대학이 책임져야 하는 상황이 된다. 이것은 대학의 인재양성 의무와는 질적으로 다른 문제이다.

다섯째, 위의 여러 부작용들이 지속적으로 작용을 한다면 대학 교육의 궁극적 목표 자체가 영향을 받게 될 것인데, 그 방향은 틀림없이 대학 전체가 '고용될 사람을 생산하는 교육(Employee-oriented)'에 더 치중하는 쪽이 될 것이다. 물론 대학이 산업체에서 필요한 인재를 양성해야 하는 의무도 있다. 하지만 삼성의 채용제도로 인해 대학이 어느 한쪽으로 지나치게 치우쳐서도 안 된다. 그것은 다른 차원에서 논의되어야 한다.

우리 사회에서 삼성의 지배력은 이미 인정을 받았다. 삼성의 직원 채용 방식이 온 나라의 뉴스가 되고 대교협에서도, 국회에서도 논의되고 있을 지경이다. 더 나아가 삼성의 채용방식에 따라 교육의 틀이 흔들릴 가능성까지 있다. 이제는 각 대학 총장이 삼성의 입사시험 관리 책임자로 전락할 위기에 처해 있다. 삼성의 총장추천제는 대학과 기업이 상생하는 길이 아니다. 이것은 대학 위에 삼성이 존재하게끔 하는 제도이다. 삼성은 자중해야 한다.

이제 삼성의 입사시험에 어떻게 대응해야 할지는 전적으로 대학의 선택에 달려있다. 이때 위에 제시한 몇 가지 문제점에 대해서도 염두에 두었으면 한다. 덧붙여 삼성이 아니고 다른 대기업, 중소기업들도 총장추천제 채용방식을 요구해왔을 때 어떤 상황이 벌어질지도 대비해야 한다. 삼성만이 기업이 아니기 때문이다. 대학은 삼성처럼 다른 기업들에 대해서도 환영하고 나설 것인가? 만일 대학이 다른 기업들의 추천 요구도 모두 받아들인다면 대학은 매년 기업체의 입사시험을 치르느라 정신이 없을 것이다. 기업은 자신에게 맞는 인재를 찾는 노력을 스스로 해야 한다. 대학이 이러한 노력을 대신해줄 의무는 없다. 입사희망자에게도 학교가 아닌 기업에 직접 문을 두드리게 하는 게 맞다. 총장추천권은 기업이 선택권을 가지고 있는 것이 아니다. 본질적으로 대학이 고민하고 결정해야 할 일이다. 더불어 각 대학이 삼성에 자기 학생들을 한 명이라도 더 입사시키는 데 총장추천제가 유리한지 따져보려는 좁은 생각에서 벗어났으면 한다. 삼성에 입사하는 인원은 정해져 있다. 좁은 생각이 이루어지기를 바라는 것은 결국 모든 대학에 상처만 남길 것이다. 대학은 더 큰 생각으로 고민해서 선택해야 할 것이다.

취업시장 안정화를 위한 제언[25]

삼성의 대학 총장추천 채용제도는 우리 사회에 많은 이슈를 남기고 일단 철회되었다. 근본적인 문제가 해결되지 않는 한 이와 비슷한 논란은 또다시 재연될 것이다. '총장추천제'는 기업과 대학의 관계와 역할 등에 대해 우리 사회가 한 번쯤 생각해볼 수 있도록 하였고, 나아가 대학 서열화나 지역 차별의 논란으로까지 확산되었다. 이것은 총장추천제라는 자체의 사건에 몰입하여 그에 따른 사회현상을 분석한 것이다. 하지만 이제 '총장추천제' 논란의 바탕이 되는 취업시장을 살펴봐야 한다. 그래야 근본적인 해결책을 마련할 수 있을 것이다.

현재의 취업시장은 채용을 희망하는 기업과 취직을 희망하는 구직자 양자 간에 어떠한 조정자나 기본 원칙도 없는 완전한 자유 시장이다. 인재를 채용하고자 하는 기업은 자신이 원하는 시기에 원하는 방법과 절차를 통해서 선발하면 된다. 구직자는 자신들이 원하는 곳에 지원할 자유를 가지고 있다. 하지만 표면적으로 기업이나 구직자 모두 채용의 자유, 지원의 자유를 누리는 합리적인 취업시장처럼 보이지만 실상은 그렇지 않다. 자유보다는 무질서에 가깝고, 결과적으로 비합리적, 비경제적, 비효율적인 취업시장이라 할 수 있다. 이는 기업과 구직자 모두에게 큰 손실이다. 삼성의 대학 총장추천 채용제도는 이러한 환경에서 탄생했다. 결국 취업시장의 안정화가 총장추천제의 근본적인 해결책이다.

무질서한 취업시장이 된 가장 큰 원인은 일자리 부족과 지원자의 기업

25. 이 글은 2014년 2월 교내 행정토론회에서 발표한 내용이다.

선호도 편차가 크다는 것이다. 구직자의 기업선호도가 비슷하고 일자리가 많다면 취업시장은 별도의 개입이 없어도 기업과 구직자 사이에서 정상적인 기능을 수행할 것이다. 하지만 기업 선호도의 편차가 크고 일자리가 부족한 조건에서는 취업시장이 불안정해질 수밖에 없다. 기업은 다른 기업보다 우수한 인재를 확보하려고 각자의 시기와 방법으로 전형을 실시한다. 심지어 다른 기업에 앞서 인재를 확보하려고 학기를 마치지 않은 졸업예정자를 미리 데려가 대학들이 기업에 항의하는 사태가 발생하기도 한다. 또 과도한 복수지원 현상으로 기업마다 채용 비용 부담이 커지고 합격자의 대량 이탈과 기업 간 충원 도미노 현상을 겪게 된다. 지원자 역시 구직을 위한 시간적 경제적 부담이 커지지만 원하는 일자리를 얻기는 더 어려워지는 악순환에 빠지게 된다.

삼성은 총장추천제를 내놓으면서 이러한 취업시장의 문제를 하나의 이유로 들었다. 채용시험인 삼성직무적성검사에 연간 20만 명 이상의 지원자가 몰리고, 또 취업을 위한 사교육 시장이 형성되는 과열 양상이 벌어지며 사회적 비용이 커지는 것은 분명 문제가 있다. 하지만 삼성이 선택한 방법은 잘못되었다. 삼성만의 해법이 아니라 기업들과 협력해서 무질서한 취업시장을 바로잡으려는 공동 노력을 해야 한다.

취업시장의 무질서를 바로잡을 대안은 취업시장과 조건이 비슷한 대학입학 시장에서 단서를 찾을 수 있다. 대학입시는 지원자의 대학 선호도 편차가 크고 입학경쟁률도 높다. 만일 대학입학 시장을 대학과 지원자의 자율에만 맡긴다면 지금의 취업시장처럼 비효율, 고비용 구조의 혼란 속으로 빠져들 것이다. 하지만 대학입학 시장은 이런 혼란을 어느 정도 완화시키는 제도를 마련해 운영하고 있다. 1990년대 중반에 복수지원제도가 도

입된 대학입학 시장에서는 완전한 시장 자율이 아닌 상호 합리적인 선에서의 일정한 룰이 적용됐다. 대학은 몇 개의 그룹 중에서 하나를 정하고, 지원자는 같은 그룹의 대학 중에 한 대학만 지원할 수 있도록 하였다. 그리고 연속적으로 발생할 수밖에 없는 합격자의 이탈과 추가합격 과정도 합의된 일정에 따라 진행하도록 함으로써 혼선을 최소화하였다. 결국 대학입학 시장에서 대학이나 지원자는 서로 합리적인 수준의 제한적 자유를 가지는 지혜를 발휘한 것이다.

취업시장은 어떠한가? 대학입학 시장이 선택의 자유를 확장하는 방향으로 변화했다면, 취업시장은 완전한 자유에서 제한적 자유로 이행할 필요가 있다. 굳이 이름을 붙이자면 '취업복수지원제'이다. 그러기 위해서는 우선 조정자가 필요하다. 대학입학 시장에서의 조정자는 그 특성상 교육부가 그 역할을 담당했다. 취업 시장에서는 기업 간 협의체에서 자율적으로 시행할 수도 있고, 필요하면 고용노동부가 그 역할을 담당할 수도 있다. 그 다음은 합리적인 그룹을 형성하는 것이다. 예를 들면 대기업군, 공기업군, 중소기업군 등으로 그룹화할 수도 있고, 기업의 특성에 따라 구분할 수도 있다. 지원자는 같은 군에서 한 기업만 선택해서 지원하여야 한다. 복수합격으로 인한 충원도 기업 간에 일정을 신속하게 하면 된다. 더나아가 취업복수지원제 내에서 지원한 모든 지원자들의 입사 선호도를 미리 받아 기업들의 채용시험 결과 데이터와 합쳐 컴퓨터 프로그램으로 모든 기업의 최종 입사자를 한꺼번에 도출할 수도 있다. 이러한 방식은 대입전형에서는 아직 도입하고 있지 않지만 각 지자체에서 고등학교를 배정할 때 활용하고 있다.

취업복수지원제도는 대학교 졸업 시기와 맞춰 대규모 공채 때 적용하기에 적합할 것이다. 물론 기업들은 이 제도와는 별도로 지금처럼 개별 기업 단위로 자유롭게 채용을 할 수도 있다. 이 제도에 동참하는 것은 개별 기업의 자유이지만 상생의 관점에서 주요 기업들과 공기업들이 참여하는 것이 바람직할 것이다. 이처럼 이 제도는 현재의 취업시장을 하나의 제도로 획일화하는 것이 아니라 기업 간 협력을 바탕으로 또 하나의 채용 방법을 제공하는 것이다.

삼성의 총장추천제 도입 취지 배경에는 이처럼 취업시장 자체의 근본적인 문제가 내재되어 있었다. 이에 따른 기업들의 고민은 삼성뿐만이 아니라 다른 모든 기업들도 마찬가지일 것이다. 치열한 생존경쟁에 놓인 기업들은 이러한 고민을 상호 협력을 통해서 해결하려는 자세가 부족했다. 하지만 취업시장은 어느 한 기업이 혼자서 해결할 수 있는 문제가 아니다. 기업들은 머리를 맞대고 상생의 지혜를 모아야 한다.

단원고 학생들 대입 특별 대책이 필요하다[26]

먼저 세월호 침몰로 인한 유가족과 단원고등학교에 깊은 애도를 표한다.

그러나 우리가 TV를 보면서 그저 비통과 눈물로만 보낸다면 우리는 유가족들에게 또 다른 죄를 짓게 될 것이다. 그들을 향한 애도의 물결, 자원봉사자의 손길, 성금 모금, 통신비 감면 등으로 끝날 일이 아니다. 유가족과 단원고에 대해서도 광범위하고 세심한 사회적 지원이 필요하다.

---

26. 경향신문, 2014년 5월 8일 자 기사.

당장 단원고 학생들의 대학입시가 걱정이다. 물론 사건의 직접 당사자들인 2학년 학생들은 내년에 대학입학시험을 치르게 된다. 하지만 세월호 참사는 같이 공부하던 친구들을 떠나보낸 2학년 학생들뿐만 아니라 현재 단원고에 재학 중인 모든 학생들에게 감당할 수 없는 충격을 안겼다. 지금 단원고는 스승의 자리도 학생의 자리도 텅 비었고 학교 시스템 또한 정상일 수가 없다.

따라서 당장 올해 입시를 치러야 하는 3학년은 물론 단원고의 학생들이 다른 일반 학생들과 정상적으로 경쟁하기는 어렵다. 이 때문에 대학과 교육부는 서둘러 단원고 학생들에게 대입 특별대책을 마련해줘야 한다.

대입 특별대책은 그들을 위해 입시 특혜를 주자는 것이 아니다. 이 참사 속에서도 치열한 입시경쟁 시스템은 아무 일 없다는 듯이 계속되고 있다. 우리가 이 점을 도외시한다면 단원고 학생들은 또 다른 2차, 3차 피해를 입을 것이다. 그들은 다른 학교 친구들처럼 수능 1점을 더 올리기 위해 지금 책상 앞에 온 정신으로 앉아있을 수 없다.

우선은 대학들이 협의회 등을 통해 단원고 학생들의 대입 특별대책에 대해 논의해줬으면 한다. 그리고 행정적·법적 문제가 있으면 교육부와 국회가 나서 신속하게 풀어줘야 한다.

단원고 학생들을 위한 구체적인 대입전형의 방법은 다양한 관점에서 논의할 수 있는데, 대학수학능력시험 성적보다는 내신을 바탕으로 한 담임 또는 학교장의 추천을 우선하는 것이 바람직할 것이다. 단원고 학생들이 정상적인 상태에서 수능시험을 치르기 어렵기 때문에 이 수능의 영향력을 줄이고 평소의 실력을 판단해 정상을 참작할 필요가 있기 때문이다.

입학은 정원 내 또는 정원 외 입학정원을 활용하는 방법이 가능하다. 총

입학정원이 정해져 있는 정원 내 입학전형은 대학이 이들을 위해 전형을 별도로 만들어 자율적으로 시행하면 된다.

다른 방법으로는 정원 외 입학전형도 가능한데, 이 방법은 법적으로 허용 조건이 정해져 있어 교육부와 국회가 나서야 한다. 이러한 특별대책의 대상이 되는 학생들의 범위는 우선 현재의 3학년 학생들과 내년에 입학하게 될 2학년 학생들이어야 하고, 필요하면 1학년 학생들까지 적용되었으면 한다.

한시가 급하다. 당장 11월에 수능시험이 있고, 이미 대학입시는 진행 중이다. 대학과 교육부에서 단원고 학생들에 대한 합리적인 입학 특별대책을 마련하길 바란다. 그것이 우리들이 그들과 아픔을 함께하는 방법이다.

국방부의 군 복무 학점인정 방안은 '비현실적'[27]

지난 9일 국방부가 군 복무 기간을 대학 학점으로 인정해주는 방안을 추진하고 있다고 밝혔다. 이 방안은 현재 단계에서는 아직 국방부에서만 논의된 아이디어 수준으로 알려졌지만 언론을 통해 다양한 의견들이 나오고 있다. 독자로서 여론 수렴을 통해 좋은 대안을 마련하는 과정으로 생각하고 관심 있게 지켜보면서 몇 가지 의견을 보태고자 한다.

첫째, 군 복무 학점인정제 방안 자체에 대한 논의보다는 이러한 내용들을 국방부가 마련하고 추진하는 논의구조 자체가 바람직하지 않아 보인

---

27. 경향신문, 2014년 6월 16일 자 기사.

다. 군 복무 학점인정제는 교육과정 편성에 관한 대학 고유의 정책이기 때문이다. 따라서 이러한 논의가 필요하다면 대학이 중심이 돼야 한다. 그런데 대학은 없고 국방부가 중심이 되어 마치 국방정책을 논의하는 것처럼 보인다. 이처럼 논의구조가 잘못되면 엉뚱한 쟁점으로 시작해서 이상한 결과로 이어질 수가 있다.

둘째, 학점은 그 교과목이 요구하는 교육 목적 외의 다른 목적의 활동 결과로 대체돼서는 안 된다. 현재까지 알려진 국방부의 방안을 보면 교과목에 대한 구체적인 언급 없이 단순히 국방의 의무를 학점으로 전환해주겠다는 정도인 것 같다. 이는 대학의 교육과정 운영 목적과는 동떨어진 별개의 것이다.

국방의 의무가 아무리 선한 목적이라 할지라도 무작정 학점으로 대체하고자 하는 것은 잘못된 것이다. 이는 사회봉사 자체가 선한 목적이기는 하지만 교육적 목적이 없이 단순히 봉사시간만으로 학점인정을 해주어서는 안 되는 것과 같다. 우리는 선한 목적을 내세워 그것과 관계없는 다른 권리가 침해되지 않도록 경계해야 하고, 대학도 부당한 침해로부터 교육 목적을 지켜내야 한다.

셋째, 국방부의 방안 자체가 비현실적이다. 우선은 각 대학의 학과별 교육과정에 없는 교과목을 대학에서 학점으로 인정하기가 어렵다. 설혹 정부와 대학이 여러 법적·제도적 보완을 통해 군 복무 기간 학점을 가칭 '군사학'이라는 교과목으로 만들어 최대 9학점까지 인정한 후 성적증명서에 표기된다고 하자. 누군가 학생에게 그 교과목에서 무엇을 배웠는지, 학생의 전공과 어떤 관련이 있는지 물어본다면 그 학생은 어떻게 대답할 수 있을까? 그 획일적인 교과목이 들어간 성적증명서를 국제적 기준에서 보면 어떤 느낌일까? 외국에서 우리나라 대학들은 모두 사관학교가 아닌가 하고 착각할지도 모르겠다.

국방부가 군에 입대한 대학생을 '군인'이기보다는 '대학생'의 관점에서 보고 대학 정책을 내놓는 것은 자연스럽지 않아 보인다. 대학 정책은 대학에 맡기고, 국방부는 '대학생'이 아닌 '군인'을 위한 처우 개선 대책 마련에 더 집중할 필요가 있다.

'최저임금 인상' 이유 경비원 감원 신중해야[28]

지난 9월 어느 날, 필자가 살고 있는 아파트 게시판에 '2015년 최저임금 인상 관련 경비체제 개선방안'이 공고되었다. 2015년도 최저임금이 5,580원으로 인상됨에 따라 입주민의 관리비 인상을 최소화하기 위해 경비원을 감원하겠다는 것이었다. 필자는 다음과 같은 요지의 글을 써서 주민 대표에게 전달했고, 이 글을 필자가 살고 있는 아파트 1, 2호 라인 출입구에만 게시해두었다.

"저는 현재의 경비원을 감원하지 않고 2015년도 최저임금을 적용하여 급여를 인상해주는 방안도 주민들이 선택할 수 있어야 한다고 봅니다. 이 경우 세대당 월 5,999원의 부담이 늘어난다고 되어 있습니다만 경비원을 감원하는 방안보다는 우리 아파트가 좀 더 안전할 것입니다. 안전은 중요

---

28. 경향신문, 2014년 11월 11일 자 기사.

한 문제이므로 이를 배제한 선택보다는 상대적으로 안전한 아파트를 선호하는 주민들의 의사도 표현되어야 합니다. 최저임금은 매년 인상됩니다. 우리 주민들이 그 인상분만큼을 감당하지 않고 경비 인력이나 경비 시간을 줄인다면 향후 몇 년 내에는 아예 아파트 경비 인력 자체가 사라질 수도 있습니다.

지난 4월 우리 사회는 세월호 사건이라는 엄청난 시련을 겪어야 했습니다. 이 사건은 안전을 외면한 채 경제적 효율성만을 바라보고 달려온 우리의 근대화 과정의 문제가 축적되어 나타난 현상이라고 보는 견해도 있습니다. 경제적인 것도 중요하지만 이제는 눈에 보이지 않는 '위험'에 대한 고려도 중요하다고 봅니다. 더구나 우리가 사는 이 아파트는 가장 소중한 가족들이 머무는 곳이기에 안전에 더욱 신경을 써야 한다고 생각합니다."

며칠 후 필자의 의견은 반영되지 않은 채 경비원 감원에 찬성하는지 묻는 방식으로 투표가 진행되었고 주민대표의 의도대로 70%의 주민이 감원에 찬성표를 던졌다. 이 결정으로 우리 아파트 경비초소 하나가 사라지게 됐다. 그런데 필자가 게시해 둔 글을 읽은 1, 2호 라인 주민들 대부분은 경비원 감원에 반대표를 던졌다. 감원으로 인한 안전 문제도 고려하자는 필자의 의견이 균형 있게 제시되었다면 다른 결과가 나왔을지도 모를 일이다.

독일에 사는 필자의 지인이 지난봄 부활절 기간에 관광버스를 이용해서 독일에서 이탈리아로 여행을 다녀왔다. 그가 필자에게 전해준 여행 소감의 첫 번째는 이탈리아 이야기가 아니었다. 그가 탄 독일의 관광버스에는 운전기사가 두 명이 탑승해서 교대로 운전을 하더라는 것이었다.

우리는 아직 안전을 위해 대기하는 운전기사의 비용까지 부담하면서 여행을 하려 하지 않는다. 오히려 피곤한 몸으로 장시간 혼자서 운전을 해야 하는 그 한 명의 기사에게조차도 최소비용만을 지불하려는 방식으로 구조화되어 있는 사회인 듯하다. 하지만 언제까지나 안전을 도외시하면서 사고가 나지 않도록 요행만을 바랄 수는 없는 일이다. 무조건 당장의 비용을 줄이려 하기보다는 보이지 않는 위험에 대해서도 균형 있게 생각해보는 사회, 나아가 안전을 위해 적극적으로 투자하는 사회가 되었으면 한다.

/

에필로그: 대화

2016년 10월 7일 저녁, 동료 직원[Q]이 나[A]를 찾아왔다. Q는 직장인의 학습 조직에 관한 내용을 주제로 박사학위 논문을 준비 중이었다. 우리는 내가 근무하는 사무실 회의실에 앉아서 대화를 나누었다. Q와 나의 대화는 상호 보완적이었다. Q는 실제 행정 경험은 거의 없지만 관련 분야의 이론에 강했고, 나는 이론보다는 많은 경험을 가지고 있었다. 주로 Q가 자신의 이론적 기반을 바탕으로 질문을 던졌고, 나는 현장의 경험을 바탕으로 답을 했다. Q는 나의 답변을 통해 자신의 이론을 보완해나갔고, 나는 Q의 질문을 통해 현장의 경험을 보편적 이론으로 재해석해볼 좋은 기회가 되었다. Q는 대화 중간부터 녹음을 시작했고, 나중에 이를 정리해 나에게 건네주었다. 다음은 그 대화 내용이다.[29]

Q 앞서 좋은 말씀 감사합니다. 대학행정의 달인 과정[30]에 평균적으로 오시는 분들이 몇 분 정도 되시는지?

A 이번 학기는 20명을 넘긴 했는데, 보통 10명 내외로 참여하는 거 같아요.

Q 그분들한테 만족도라든지 어떠한 피드백을 받는 경우가 있으신지요?

---

29. 대화 당시의 현장감과 생각을 그대로 표현하고자 최대한 구어체 대화 내용을 그대로 옮겼다.

30. 고려대학교 평생교육원의 '대학행정의 달인' 과정을 말함

A 각자 와서 서로의 경험을 얘기해줘서 벤치마킹하는 경우도 있고…. 만족도는 출석률로 평가되는 거 같아요. 저는 부담을 주고 싶지 않아요. 일하다가 저녁 7시까지 버스 타고 오라면 누가 오겠어요? 참여하는 거 자체가 대단한 열정인 거죠.

Q 특별한 진행 방식이 있나요?

A 수업 중에 실제적이고 구체적인 사건들을 꺼내놓고 저의 경험이나 사례를 먼저 얘기합니다. 동료들도 학교만 다를 뿐 같은 입장에서 비슷한 사례들이 있을 테니까 서로 공유하려고 하는 거죠. 현실과 동떨어진 이론은 지양하려고 노력하고 있어요. 그래서 현장의 문제를 가지고 심도 있는 대화를 하기 위해 매주 주제를 정해서 갑니다. '오늘은 연구 분야에 관해 얘기해봅시다.', '오늘은 교육과정에 관해 얘기해봅시다.' 이렇게 주제를 특화시켜 얘기하는데 구체적인 사건 경험을 가지고 그걸 점점 일반적인 얘기로 끌고 가는 형태죠. 그런 현장의 구체적인 경험 없이 일반적인 이야기만 늘어놓으면 (수강자가) 내가 왜 저 얘기를 저 사람한테서 듣고 있어야 하지?(라고 생각할 겁니다.)

Q 네, 이해했습니다. 특별히 커뮤니티를 형성하시면서 기억에 남는 에피소드가 있으신가요?

A 지금은 평생교육원 과정도 있지만 그 전부터 행정토론회에서 매달, 몇 년 동안 커뮤니티 활동을 해왔어요. 전반적으로 좋은 추억들이지만 간혹 가슴 아픈 일도 있었습니다. 모임을 꾸준히 하려면 극복해야 하는 일들이 있기 마련입니다. 미친 짓으로 보는 남들의 부정적인 시각도 한편으론 그렇게 생각할 수 있겠다 하고 넘기는 거죠. 근데, 그런 건 많지 않고요. 대부분 우호적인 시선들이 많죠.

Q 잘난 척 하는군…. 이런 거죠?

A 뭐, 그럴 수도 있어요. 왜냐면 참석하지 않은 사람들은 먼발치에서 보니까 당연히 그렇게 생각할 수 있어요. 무관심도 견뎌야 해요. 제가 운영하던 커뮤니티의 방식이 뭐였냐면 닫힌 세계가 아니고 학교 직원 누구에게나 열어놓고 같이 공감하고 학교 행정에 대해 함께 얘기해보자는 거니까요. 그걸 몇몇 사람들과 만나서 회비를 걷고, 회장을 정하고 하다 보면 그 모임은 그들만의 리그가 되기 쉽거든요. 그건 폐쇄적인 조직이기 때문에 저는 그걸 원하지 않습니다.

Q 아! 포인트입니다. 모임에 들어가고 나가는 게 자유로운 거죠? 그러면 제가 하나하나 질문을 드릴게요. 저도 커뮤니티를 많이 형성해봤거든요. 적절한 개입은 불가피하지 않나요?

A 그래서 (생각해봐야 할 것이) 나 자신이 궁극적으로 추구하는 목적이 무엇일까 하는 거예요. 조직을 유지하려고 하는 거냐? 아니라는 거죠. 제 목적이 무엇이었냐 하면, 우리가 같이 소통을 해서 경험을 공유하자는 거죠. 서로들 직장이라는 공통분모가 없으면 만날 일이 없는 사람들이고, 왜 만났을까 생각해봤을 때 업무와 관련 없이 그냥 서로 친목 도모할 것 같으면 나가서 술 먹으면 되는 거잖아요. 그러나 우리가 만나는 이유는 본질적인 학교의 목적에 맞춰서 그 목적을 증진시키기 위해서 만나는 거란 말이죠. 근데 그걸 너하고 나하고 둘이 폐쇄적으로 만나야 할 이유가 뭐가 있을까, 목적이 이루어졌다고 치면 조직은 없어도 되는 거잖아요. 조직이 목적은 아니라는 거예요. 우리가 좋은 목적을 위해 다섯 사람이 모였다고 해보죠. 우리끼리 회비를 걷고 열심히 해보자고 하면 다섯 사람끼리는 서로 증진이 되는 거 같지만 좀 더 멀리 보면 여

섯 번째 사람이 들어오고 싶을 때 그걸 왜 제한해야 하지? 자기들끼리 결속을 다지고 조직화한다는 게 다른 집단과의 폐쇄성이란 문제를 발생시킨단 말이에요. 그리고 조직이 생기면 인간은 항상 그걸 유형화시켜 놓으려고 해요. 회칙을 만들고 회비를 걷고 그러다 보면 조직의 목적이 바뀌기 쉽습니다. 우리가 처음 모였을 때는 더 큰 목적, 학교의 어떤 목적을 위해서 만났는데 점차 조직이 변질되는 거죠. 조직이라는 건 만들어놓으면 생명이 생깁니다. 오래 유지되려는 속성이 있는데 목적을 다 했음에도 죽지 않고 계속 남아있게 되면, 그 속의 구성원들은 '조직을 위해서'라는 말 아래 희생되는 거죠. 조직은 근본적인 목적을 도와주기 위해서 있는 것인데 조직 자체가 목적이 되어 버립니다. 우리가 행복을 위해 만나는 사람들이라면 개개인들이 행복을 증진하는 쪽으로 가야 하잖아요? 그러니까 '나는 조금 희생하더라도 조직을 위해서라면 그냥 하지'라는 생각으로 모이면 안 된다는 거예요. 저는 십여 년 전부터 행정토론회를 운영하고 있고, 지금 이 과정까지 하면서도 단 한 번도 문을 닫아두거나 출석을 강요한 적이 없어요. 피곤하시면 나오지 말고 나오고 싶을 때 자발적으로 나오라고 하죠. 사람들이 항상 저한테 얘기하는 게 뭐였냐면, '이 좋은 모임에 왜 조직을 안 만드냐? 네가 회장하고 총무를 뽑아 회비를 걷자.'라는 말이었어요. 저는 끝까지 반대했어요. 그게 조직이 긴 생명력을 유지하는 비결이기도 하죠. 왜냐하면 나는 우리 대학이 어떤 조직인지 알기 때문이에요. 잘났든 못났든 어떤 조직을 만들면 실체가 생기잖아요. 잘하면 시기를 하는 거고, 못하면 '이 바보 같은 놈' 하는 거고. 그리고 조직에 왜 실천력이 안 생기냐면 기업은 좋은 아이디어가 있으면 바로 실천하는데, 저는 우리 조직에는 그게 불가능하다고 봐요. 과거 학교에서 그런 조직을 인위적으로 만든 건 있어요. 약간의 TF 형태로. 학교에는 업무를 하기 위한 정상적인 조직이 있고 조직의 장과 부서원들이 있는데, 그 조직을 놔두고 총장이 눈길을 줘서 '아, 저 조직 좋다'고 한마디 하면 나머지 조직들이 시기하게 되고, 다른 조직은 무엇을 했냐는 말이 나오는 거고. 정상적인 조직이 제대로 작동이 안 되는 거거든요.

Q 정상적인 조직의 의미는 기존의 팀을 말씀하시나요?

A 학교의 정상적인 조직에서 수행되지 않고 별도의 TF에서 움직여 그 팀에 파워가 생긴다면 당연히 모난 돌은 정을 맞게 되어 있죠. 그건 오래 갈 수가 없어요. 그래서 이런 것들을 고려해 우리는 경계를 좀 느슨하게 가려고 하고 있어요. 저는 모임의 형태를 강화하려는 욕구를 차단해 왔어요. 그러니까 저한테 돌을 던지고 싶어도 돌을 던질 수 있는 실체가 없는 거죠. 저는 가끔 주제가 있으면 '만납시다.' 하고 공지를 해서 주제 중심으로 만난단 말이죠. 주제가 해결되고 나면 흩어지면 되는 거고요. 조직이 없는데, 어느 누가 비판하겠어요.

Q 네, 감사합니다. 커뮤니티를 통해서 우리 대학의 궁극적인 발전 방안을 생각해보셨습니까?

A 질문이 방대하긴 한데, 대학의 발전 방안이라….

Q 활동의 활성화 방안이나 직원들의 커뮤니티를 통한 대학의 발전 방안을 모색한다면요?

A 대학의 목적이나 이런 걸 얘기하는 건 아닌 거 같고요. 그건 (제가 얘기할) 주제도 안 되고. 커뮤니티 관점에서 대학의 발전 방안을 직원 개개인에 적용시켜 말하자면, '혼(魂)', '창(創)', '통(通)'이라고 말할 수 있겠네요.

『혼 창 통 당신은 이 셋을 가졌는가?』 책 제목이에요. 그러니까 대학이 발전하려면 우리 행정직원들이 이 세 가지 역량을 갖출 수 있어야 하고, 그런 능력을 갖춘 개개인들을 얼마나 보유하고 있는가. 그리고 그런 개개인이 활동할 수 있는 시스템이 열려있느냐 하는 겁니다. 이러한 고민은 같이 가는 거 같아요. 일부 직원들이 안타까운 게 뭐냐면, '내가 세 가지 역량을 다 갖춘다 하더라도 조직은 내가 활동할 수 있는 조건이 안 되어 있다. 그래서 나는 고로 포기한다. 잠자고 있겠다.' 라고 생각하는 거죠. 그런데 그건 잘못된 생각이에요. 혼, 창, 통을 제대로 가지고 있다면 그런 전제 조건을 극복하고 돋보여야 해요.

Q 혼은 영혼 할 때 '혼' 말씀인가요?

A 열정이라고 봐도 되고, 가슴에 해당되죠.

Q 창은 시각인가요?

A 창의적인 의미의 창입니다. 실천적인 거고, 발에 해당되는 거예요. 머릿속에만 있고 실천하지 않는 건 의미가 없죠.

Q 통은 소통의 통을 말씀하시는 거죠?

A 굳이 비교하자면 머리에 해당됩니다.

Q 감사합니다. 커뮤니티 활동 전보다 활동 후 시각의 변화가 있었나요?

A 다른 사람을 모아놓고 하고 누구한테 제 것을 전달해주는 것처럼 보이는데 실제로는 제가 많이 배워요. 우리가 학습의 방향을 바꿔야 할 필요가 있는 게, 우리는 보통 교육을 받는 사람의 변화를 원하잖아요. 좀 더 시각을 넓혀 보면 전체적으로 보면 교육을 하는 사람, 가르치는 사람이 더 많이 배우게 됩니다. 저는 이렇게 생각해요. 제가 완성된 사람이고 상대방에게 무언가를 전달해주려고 모이는 게 아니고, '나에게 고

민이 있는데 같이 파트너로서 고민해봅시다.' 하고 모이는 거라고요. 그렇게 돼야만 하고요. 고민이 있는 사람들, 고만고만한 사람이 모였어요. 그러면 그 화두를 누군가 이끌어나가야 합니다. 다람쥐 쳇바퀴 돌 듯이 할 수는 없는 거잖아요. 서로 상호 간에 스승이 돼서 끌고 나가야 하는 거죠. 그때 듣고 깨닫는 사람보다는 말하는 사람, 저 같은 경우는 특정한 주제에 대해 제 고민을 먼저 말하고 제가 이렇게 했으면 좋겠다고 얘기를 합니다. 그 과정에서 상대방 열 명이 듣고 있지만 실제로는 내가 열 배의 보상을 받는 거죠.

Q 네, 지금 하시는 대학행정 아카데미를 통해 보다 대학조직의 시스템을 많이 이해하셨다는 말씀이죠?

A 어떤 것을 의식적으로 개념화하지 않으면 누구나 그냥 막연한 상태로 흐릿하게 느끼게 돼요. 사람은 성인이 되어서는 잘 안 배워요. 경험을 통해서 다 내재해 있는 건데, 그 내재화된 걸 어떻게 개념화해서 끄집어내냐는 거죠. 저는 말로 표현해서 상대방을 설득하기 위해 그걸 개념화해서 상대방에게 얘기합니다. 그리고선 피드백을 받고, 또 반성을 하고. 이런 것들이 뚜렷해지는 거죠. 대학 행정시스템이, 지금 저한테는 제가 경험해보지 못한 행정시스템이 있을 거잖아요. 그런 것들, 안개 속에 흐릿한 것들이 다른 사람보다 뚜렷하게 보여요. 대학행정시스템 자체가 나한테는 이미 상당 부분 개념화되어 있어요. 그런데 다른 사람들한테는 그게 막연하게 보일 수 있어요. 제 경우에는 어느 순간 확 전환된 계기가 있는데, 그 극적인 시점이 언제였냐면 2010년쯤인 것 같아요. 제가 전에 행정토론회를 통해 「대학과 행정」이라는 자료집을 만들었다고 했잖아요? 그게 2010년 초까지 나왔어요. 제가 한두 편 쓰고

다른 사람의 글을 받아서 싣고. 그 이후에 제가 쓴 글을 정리해서『캠퍼스 편지』라는 책을 냈어요. 그러면서 극적으로 생각이 정리되었죠. 사실 제 안에 있는 대학행정에 관한 생각들을 끄집어내어 활자화하는 건 고통이었어요. 글을 써본 사람이 아니었고, 나 자신을 노출해본 경험도 없었잖아요. 그런데 책을 쓰고 난 다음에 어느 순간부터 어떤 사태를 보면 이전에는 한두 가지 생각나던 것들이 지금은 열 가지가 넘게 연관되어 보여요. 바둑에 수를 보는 것과 비슷한 거예요. 근데 그걸 제 입으로 '나는 보인다.'라고 얘기할 순 없어요. 그렇지만 저는 분명 사람마다 차이가 있다고 봐요. 민원인이 왔을 때 대학행정 전반의 근본적인 관점에서 듣는 것하고, 그렇지 않은 것하곤 분명히 차이가 있어요. 근시안적으로 보면 해결할 수 없는 문제일 수도 있는 거죠.

Q 네, 감사합니다. 추가적인 학습활동을 하시나요?

A 많은 책을 읽진 못하지만 독서의 힘이 큰 것 같아요. 제가 남들에게 말을 하면서 많이 배운다는 게, 한마디를 하거나 어쩌다가 인용을 하나 하려고 하면 책 한 권을 읽어봐야 해요. 남들한테 전해주는 입장에서 지식과 관련된 것에 살을 붙여나가며 책을 읽기 때문에 한 권을 읽어도 저한테는 살이 되는 거죠. 맥락이 없이 책을 읽으면 이틀만 지나도 잊어버리기 쉽습니다. 그런데 저는 프레임을 가지고 제가 필요한 프레임 안에서 필요한 분야를 찾아보는 거죠. 예를 들어『대학의 역사』라는 책을 그냥 보는 게 아니라, 입학식과 졸업식 행사를 준비하면서 학위 가운이 무슨 의미가 있지 하는 궁금증을 가지고 책 한 권을 보는 거예요.

Q 네, 감사합니다. 평소 실무에서는 어떤 이슈가 있나요?

A 그건 부서마다 다 다른데, 공통적인 문제점은 이슈가 근본적인 목적에

서 멀어져 있다는 거예요. 상당수 문제가 실무진들이 자기 세계에 갇혀 있다는 데서 발생하죠. 외부에서 어떤 사태가 닥쳤을 때 행정은 그걸 해결하려고 있는 거예요. 문제가 해결이 안 되고 자꾸 벽에 부딪히는 이유가 위계적 관료조직이 가지고 있는 근본적인 문제를 그대로 안고 있는데 그걸 극복하지 못해서예요. 어느 조직이나, 특히 대학행정 같은 경우는 위계적 관료조직이라 그걸 극복해야 해요. 제가 봤을 때 그걸 극복하기 위해서는 하나의 부서에서 벗어나야 한다는 거예요.

Q 개인적인 시각에서 탈피하라는 말씀 같으신데, 제가 봤을 때는 그건 정말 어려운 일인 것 같습니다.

A 자기 부서에서 일하면서 다른 부서 도움을 받아야 하는 일, 예를 들면 어떤 민원을 해결하거나 프로젝트를 하고 싶을 경우, 옆 부서의 협조를 받아야 해요. 물론 내 할 일만 하고 협조를 해서 해결해야 할 다른 일은 모른 척하고 차단할 수는 있어요. 그럴 수 있는데… 저는 자기 부서 일에만 안주하지 않고 손잡고 그 일을 따라가줘야 한다고 생각해요. 일이 해결되도록 끝까지 말이죠. 이렇게 부서의 틀을 벗어나 일을 한다는 것은 각 부서의 역량을 엮어서 일을 만들어가야 한다는 뜻입니다. 하지만 현실에서는 그게 잘 안 되고 딱 내 영역에만 머물러 있는 경우가 많아요. 근데 우리가 맞닥뜨리는 현실은 각 부서에 정확하게 맞아 떨어지는 건 없고, 부서 간에 걸쳐 있게 되죠. 그래서 행정조직은 2차원이 아닌 3차원으로 그려져야 해요.

Q 평소 대학의 행정직원 육성과 관련하여 주로 어떤 경로를 통해 정보를 얻으십니까?

A 일단 자기가 있는 위치를 모르니 밖과 소통을 하는 게 좋습니다. 다른

대학의 행정직원과 소통을 하고, 흐름을 읽고 있는 게 중요해요. 창의적인 생각을 하는 사람은 다른 의미로 보면 또라이라는 얘기에요. 보편적인 사람이 생각하는 게 아니라는 거거든요. 근데 그것을 평가받기가 어렵죠. 내가 다른 사람들보다 창의적이라고 느끼려면 전반적으로 같은 일을 하는 사람들을 이해하고 그런 채널이 열려있어야 합니다. 학교 밖 업무 분야별 모임 이외에 다양한 분야의 행정직원들 모임을 통해 여러 사람과 소통하는 것도 좋아요.

Q 지금 부장님이 하시는 연구 부분에서는 그런 외부 채널이 있습니까?

A 업무에 관해 다른 학교의 현황은 파악하고 있으려고 해요. 우리 학교가 아쉬운 게 분야별로 그런 역할들이 너무 내부적으로만 이루어지고 있어요. 좀 더 외부 활동을 할 필요가 있어요. 그냥 수평적 활동에서만 끝나면 안 되고요. 그 분야에서 오피니언 리더가 되어야 해요.

Q 부장님이 하시는 연구 행정 분야 업무는 어느 수준입니까?

A 연구 행정 분야 쪽은 좀 특수하긴 한데 이 업무는 다른 대학에서 잘 안하고 있어요. 일반적인 행정에서 한 단계 (더 나아간) 디테일한 부분이고요, 거기까지 서비스가 잘 안 되어 있어요. 우리 일에 대한 결과는 후에 평가를 받을 거 같아요. 일반 학사행정이 아니라 연구를 위한 행정을 하는 거니까 지금은 새로운 걸 만들어가고 있다고 보시면 돼요. 행정의 영역을 넓혀 나가고 있습니다. 전통적인 행정의 영역에서 연구에 본질적인 부분으로 행정이 다가가고 있어요. 기존의 연구는 교수 개인에게 맡겨졌지만 이제는 행정시스템이 적극적으로 지원을 하려는 거죠.

Q 어떠한 방식으로 업무를 추진하시는지요?

A 우리한테 루틴한 업무는 없어요. 매일 와서 아이디어를 만들지 않으면

할 일이 없어요. 기획이라는 건 그래야 한다고 봐요. 아침부터 기계처럼 해야 할 일이 정해져 있다면 그건 루틴한 거고 누구한테 맡기면 되는 거죠. 나로서는 지금 옳은 방향으로 가고 있다고 봐요. 행정인의 관점에서는 전혀 새로운, 예를 들면 그동안 연구 쪽은 연구자한테 맡겨졌던 분야에 연구행정시스템이 들어가기 시작한 겁니다. 그 과정에서 내가 경험하고 느꼈던 것들이 많은 도움이 되고 있다고 생각해요. 연구를 위한 행정이 무엇인지 새롭게 개척해가야 하는 건데, 어느 정도는 내가 갈 길이 보이기 때문에 자신 있게 가고 있어요. 그런데 아무도 정확히는 몰라요. 연구를 위해, 특히 집단 연구를 위해 행정이 무엇을 하지? 그냥 교수가 자기 과제를 연구하면 되는 거 아니야? 우리가 뭘 도와주지? 이런 고민을 하면서 어느 정도 서로 방향을 맞춰서 가고 있다고 보면 됩니다. 그래도 제게 많은 도움이 된 건, 그동안 행정을 해 오면서 어느 한 분야에만 몰입되어 있지 않고 행정시스템 전체에 대한 이해가 어느 정도 되어 있었기 때문에 이렇게 가면 되겠다 하는 생각들이 있어요. 행정의 새로운 분야를 열어나가고 있다고 보시면 됩니다. 예를 들어 지금 연구 쪽 파트에 와서 교수나 연구자들을 만나보면, 연구란 건 본인들만이 아는 세계인데 뭘 어떻게 도와줄 수 있을까 하고 생각해요. 수직과 수평의 세계란 느낌이 들어요. 내가 도울 수 있는 건 그 사람이 가진 깊은 수직의 세계에 행정이란 수평의 세계를 맞춰주는 거예요. 근데 내가 단순하게 이론적으로 '뭐가 필요하십니까? 교수님.' 이렇게 묻는 것이 아니고, 좀 더 밀착된 연구행정을 하는 거죠. 자세히 말해서 지금 우리가 무엇을 하고 있냐면 리서치 코디네이터라는 개념을 가지고 연구에 관해 코디네이터 역할을 하는 거예요. 그 분야를 새롭게 가고 있는 거죠.

Q 연구 코디네이터요? 지도교수 개념인가요?

A 좀 달라요, 리서치 코디네이터 얘기는. 연구자는 연구를 하죠. 근데 연구를 기획하고 연결해주는 사람이 필요해요. 리서치 코디네이터는 어느 분야를 연구하는 게 아니고, 각 분야를 연구하는 분들과 정부나 산업체 연구과제 등의 수요를 맞춰서 디자인을 해주는 사람이죠. 그런 일들을 할 사람이 필요합니다. 교육도 새롭게 변하고 있고, 대학도 교수가 필요 없는 사회가 된다고 하잖아요? 미래 보고서에도 그렇게 나와 있어요. 가장 먼저 사라질 직업이 교수라고요. 살아남는 건 교육과정 코디네이터입니다. 연구도 마찬가지예요. 디자인이 중요해지는 거거든요.

Q 사람 중심이 아닌, 실천 중심이군요.

A 연구도 보면 개별 교수들 하나가 연구 그룹이고 연구 단위란 말이에요. 그 개개인의 연구 역량으로서는 사회에 대응이 안 되잖아요. 서로 엮어야 하고 디자인이 필요한 시대예요. 그걸 누가 해줄 거냐. 한 분야만 깊숙이 연구한 연구자로서는 안 돼요. 연구에 대한 기본적인 기획 능력을 가지고 포괄적으로 엮어나갈 수 있는 사람이 필요해요. 그게 행정인이 하는 일이거든요. 연구자가 나설 수 없는 분야예요. 그래서 수직과 수평의 세계라는 건데, 교육도 수직의 세계잖아요. 한 과목 한 과목 교수님들이 하는 게. 그래서 그걸 행정이 수평으로 엮어주는 거거든요. 그게 교육과정인 거고. 연구도 마찬가지로 그런 수직과 수평의 세계를, 특히 연구는 각자 다른 세계를 구축하고 있으니까 서로 이해가 안 돼요. 그래서 중간에 있는 사람을 필요하거든요. 새로운 연구 기획을 하는 분야. 그건 전문적인 지식을 바탕으로 해서 보편적인 행정 능력을

키우는….

Q 참 흥미로운 분야군요. 부장님께서는 연구 분야 업무를 원하셨나요?

A 순환보직이니까 그건 내 의지로 되는 건 아니고요. 근데 어느 부서에 가서 사람이 적응하다 보면 안주하게 되잖아요. 이게 지금의 조직, 특히 대학행정조직에서는 보통 3년 개념으로 생각하죠. 그걸 좀 잘 분석을 해야 할 거 같아요. 3년이면 적응에 실패하거나 일이 지겹거나 할 가능성이 커요. 그런데 일이란 게 3년째에는 아무것도 할 수 없다고 봐요. 기본적인 역량이 되어 있더라도 최소한 그 이상이 되어야 힘을 발휘할 수 있거든요. 행정을 한다는 것은 어떻게 보면 네트워크거든요. 내 역량으로 되는 게 아니고 역량을 엮는 거예요. 일정 부분은 내가 가지고 있는 네트워크를 쓰는 거거든요. 내가 연구에 도움을 주기 위해 교수를 만난다고 해봐요. 아무리 시스템을 잘 이해하고 있다 해도 내가 깡통인 상태에서 교수를 만난다면 교수가 나를 만나는 의미가 없죠. 최소한 그 분야에서 3년 정도 경험을 쌓아야 용어를 알아듣고, 교수가 어떤 말을 하면 '아, 그거 어떤 교수가 다른 데에서 연구하고 있던데요.' 등의 소식을 전해줘야 교수한테 도움이 되는 거잖아요. 그러니까 3년 만에 떠나겠다고 생각하는 거는 뭔가 잘못된 구조고, 그렇게 조직이 운영되면 안 되는 거죠. 부서를 옮길 때면 항상 '아, 조금만 더 있으면 좋겠다.'는 생각이 들어요. 도움이 되지 않을까 해서.

Q 부장님은 대학 행정직원이라는 직업을 잘 선택하셨다고 생각하시나요?

A 지금은 어느 정도 그렇다고 봐요. 보람을 느끼며 일하려고 노력해야죠.

Q 어떠한 요소가 업무를 하면서 보람을 느끼게 하나요?

A 직업에 대한 일반적인 비교를 떠나서 생각해볼 필요가 있어요. 내가 하고 있는 직업에 대한 만족도는 혼과 연결되어 있다고 봐요. 내가 아침에 출근해서 즐겁게 일하려 하는 것은 자기 스스로에게 달려있죠. 내가 영혼 없이 일하러 온다면 어떤 직업도 즐겁지 않죠. 대학 행정직원도 충분히 혼을 갖춰서 새로운 길을 만들 수 있는 매력적인 분야 중에 하나지 않을까 싶습니다.

Q 부장님의 입사 초기, 1990년대 초반의 업무 환경은 어땠나요?

A 입사 초기 직업 만족도는 별로였어요. 정체성을 찾을 때까지 계속 고민했었고요. 지금은 나이가 들어가면서 나만의 역할이 있고, 내가 해줄 수 있는 일이 있겠다 싶어요.

Q 부장님께서는 현재 다양한 활동을 하시면서 우리 대학에 어떤 존재라고 생각하십니까?

A 실체를 명확히 말할 수 없는 존재. 그러니까 이런 질문을 받았을 때 딱 한 번에 대답할 수 없는 존재라고 생각해요. 교수나 학생은 단답형으로 대답할 수 있는 존재일 수 있어요. 그러나 행정인은 항상 이런 질문을 받고 고민을 하거든요. 대학의 행정직원들도 항상 그런 고민이 있을 거고요. 그러니까 행정직원이 본질적인 요소는 아니라는 거거든요. 대학에서 항상 여러 가지 주체 중에 하나로 교수와 학생 중간에 끼어있다는 느낌을 가지고 있는 거고, 그래서 단답형으로 행정직원을 한마디로 정리할 수 없다는 거예요. 그러니까 딱 그 존재의 자체 위치라는 거고 그걸 인정하자는 거지요. 내가 여기서 대학 행정에 대해 메타포 방식으로 계속 행정, '행정인은 뭐다'라는 것을 수십 가지 계속 써내려가면서 얘기하는 것 중에 하나가 그런 거고요. 대학행정을 한마디로 정의할 수

없기 때문에, '대학행정은 변신이다.'라고 말하곤 합니다. 항상 상황에 따라 변화해야 하니까요. 또 하나는 '대학행정은 어디에도 있고 어디에도 없다'는 얘기도 합니다.

Q 그렇게 정체성에 명확하게 점을 찍지 못하는 이유가 순환보직하고도 관련 있지 않을까요?

A 그건 아니고, 그냥 근본적인 특성이 그렇다고 봐요. 교수는 가르치는 사람, 학생은 배우는 사람으로 이들의 정체성은 분명해요. 대학직원은 뭐 하는 사람이지 했을 때 대학을 운영하는 사람이라고 얘기할 수도 있어요. 그건 교수나 학생보다 좀 더 포괄적인 거죠. 내가 경영자라고 하면 빵 맞는 거고. 다른 용어로 표현하자면 자기 업무와 관련지어 말할 수 있겠죠. 그렇게 되면 각자 다양한 모습으로 정의내릴 수 있겠죠.

Q 업무 개선을 위한 시도는 어떻게 하시나요?

A 미안한 얘기지만 우리끼리 얘기하는 것은 답이 잘 안 나와요. 타 대학 직원을 만나면서 서로의 경험을 얘기하면 나는 안 그런데 하면서도 여러 사례들을 가지고 와요. 그런데 그 수준이 대부분 낡아 있어요. 미안한 말이지만 구체적인 사건들을 보면 행정 수준이 그리 높지 않아요. 그런데 그게 이해는 돼요. 관료조직은 오래될수록 자동차처럼 낡을 수밖에 없어요. 우리는 세월이 지나면 발전한다고 생각하는데, 그건 착각일 수 있어요. 조직시스템은 계속 새롭게 변신하지 않으면 고철 덩어리처럼 낡을 수밖에 없는데, 오래되고 큰 조직일수록 더 낡을 수밖에 없어요. 오히려 새로운 신설 조직이나 규모가 조그마한 데가 혁신적이죠. 지금 시대를 그대로 담아서 만들어놓은 게 조직이기 때문에 그래요. 그런데 우리는 100년 전에 만든 시스템으로 유지되어 가고 있는 거거든요.

Q 미래의 대학행정은 어떻게 변화할까요?

A 내 역할에 만족하고 있는 이유 중에 하나는 '앞으로 대학은 행정의 영역이다.'라고 보는 거예요. 그러니까 디자이너의 관점에서. 우리 대학들 순위에 미치는 역량 지표를 보면 누구누구 교수 개인의 역량을 얘기하는데요. 그건 어느 시점이 되면 한계에 봉착될 거예요. 교수 개개인에게서 나올 수 있는 결과는 정해져 있거든요. 정체 상태에 이를 수밖에 없어요. 결국은 행정력을 가지고 승부를 봐야 할 시점이 옵니다. 시스템이 움직여야 해요. 그래서 지금의 대학행정 구조를 혁신하지 않으면 우리 대학이 일류 대학으로 갈 수가 없어요. 인력 구조나 대우 등 모든 면에 있어서 대학행정에 대한 시각이 바뀌어야 해요. 여기에서 말하는 행정이라고 하는 것은 행정을 하는 사람이나 행정직원에 대한 얘기가 아니고 역할 분담 면에서 보면 그렇다는 거예요. 대학은 항상 교육을 하는 사람이 우선적으로 경영권을 가지고 움직여 왔죠. 대학을 운영하는 행정의 전문성은 굉장히 약했던 게 사실이고, 그 약점은 앞으로 점점 더 부각될 수밖에 없어요. 행정 구조의 혁신, 그걸 행정 직원 출신이 할 거냐 교수가 행정가로 변신해 할 거냐 하는 문제는 일단 차치하고, 행정이라는 그 본질적인 것만 본다면….

Q 감사합니다. 제가 준비한 질문은 끝났고요. 혹시 추가로 말씀하실 사항이 있으신가요?

A 전체적으로 많은 질문에 답했고, 그래서 모든 얘기를 분석적으로 봤어요. 느낌으로 모든 걸 전달할 수 없잖아요? 말도 풀어서 설명하고 교육도 시간을 나눠서 수평적으로 해야 되고 하다 보니까 인위적으로 사태를 나눠 보게 돼요. 지금의 대화도 분석적으로 보면 부분적으로는 맞고

또 틀릴 수도 있는 건데 항상 전체적인 느낌을 봐야 하고요. 우리가 하나의 사물을 설명하기 위해서 지금까지 여러 이야기를 한 거고, 한 사람의 행정인을 키우기 위해 여러 시간 나눠서 뭔가 교육을 한단 말이죠. 그 나눈다는 자체가 생명을 죽이는 일일 수도 있다는 거예요. 결국은 디테일하게 하나하나를 분석하는 것도 중요하지만 전체적으로 어떻게 엮여 있을까 하는 관점에서 다시 한번 통합하는 과정이 필요하지 않을까 생각합니다.

Q 감사합니다. 오늘도 수고 많으셨습니다.

A 고맙습니다.